Bild auf dem Frontcover:
Myanmar, Stadt Rangoon, Shwedagon-Pagode


Alle Rechte liegen beim Autor
Herstellung: Books on Demand GmbH
ISBN 3 - 8311 - 1498 - 6

# Inhaltsverzeichnis

Philippinen
Inselgruppe Romblon
Insel Tablas
bei der Stadt San Augustin
Mädchen mit junger Kokosnuss für mich

# Vorwort

Nur wenige Menschen reisen auf eigene Faust durch fremde Länder. Die meisten scheuen sich vor den Unwägbarkeiten und Strapazen sowie Risiken abseits der Hauptrouten der Pauschaltouristen. In diesem Buch erzählt ein Globetrotter von seinen Erlebnissen in Südostasien.

„Du willst wirklich alleine nach Asien?" Egal wem ich von meinem geplanten Unternehmen erzählte, reagierte mit Erstaunen, Kopfschütteln oder mit einem Ausdruck des Zweifelns an meinem Verstand.

Nun, dieses große Ziel hatte ich anvisiert, da ich auf einer früheren Asienreise mit einer Touristengruppe diesen Erdteil schon besucht hatte. Und da kam mir der Gedanke, so eine Reise eben auch mal alleine mit einem Rucksack zu unternehmen. Ich dachte so unabhängiger von den starren vorgegebenen Zeitplänen einer Reisegesellschaft zu sein. Ich könnte dann zum Beispiel einen Tempel, der mir sehr gut gefällt, auch einen ganzen Tag lang besichtigen.

„Hast du denn keine Angst, so ganz allein?", war die häufigste Frage, die ich zu hören bekam. Eine Frage, die ich mir selbst vor meiner Reise eigentlich nicht oft gestellt hatte. Ich war in einen normalen bürgerlichen Alltag eingebunden, an regelmäßige Gehaltsbezüge gewöhnt und glaubte, ohne eine Lebensversicherung nicht genügend Sicherheiten zu haben.

Gleichzeitig hatte ich aber oft das Gefühl, dass das eigentliche Leben an mir vorbeigeht. Sehnsüchte nach fernen Ländern und anderen Kulturen wurden wach. Ich wollte dem beruflichen Alltag als Leiter der Kaufmännischen Abteilung einer Aktiengesellschaft entschlüpfen. Aber ich wusste noch nicht genau wie. Alles war vorher nur in Gedanken durchexerziert worden.

Zuvor hatte ich einige Male länger Urlaub genommen, allerdings nie mehr als sechs Wochen. Ich war in den USA und Hawaii sowie in ein paar europäischen Ländern wie Spanien, Frankreich, Österreich und so weiter gewesen. Kurz gesagt

Urlaub wie du und ich. Normal Eben. Und doch, es ist ein ganz großer Unterschied, ob man nach einem 6-wöchigen Pauschalurlaub wieder in die gewohnten Gegebenheiten zurückkehrt oder alles aufgibt, um sich verschiedenen Ländern und ihren bereithaltenden Erlebnissen zu öffnen. Und genau das war meine Wunschvorstellung. Auch verunsicherten mich zunächst die Warnungen anderer, was alles passieren könnte: Raubüberfälle, Krankheiten, gewaltsame politische Unruhen oder der Verlust meiner kompletten Ersparnisse auf dieser Reise. Oder vielleicht würde ich sogar gekidnappt!? Und zudem würde ich danach sowieso keine Stelle mehr als Kaufmann finden. „Wer nimmt denn schon einen Herumtreiber?" „Dein Lebenslauf hat dann eine gefährliche Lücke!"

Dazu gab es noch die kleinen Bedenken, die den Reisealltag betrafen. Wie würde ich mich täglich verpflegen können? Würde ich jede Nacht eine Unterkunft finden?

Wie würde ich mit den ausländischen Sitten und Gebräuchen umgehen können? Die Angst vor fremdartigen Situationen ist die grundlegende Angst vor allem was neu und unbekannt ist. Ein Bekannter der vor mir längere Zeit alleine im Ausland war, sagte: „Du musst nicht so lange überlegen -- du musst es tun!"

Ganz nach der Devise eines bekannten Reiseführerherausgebers für Rucksacktouristen. „Do not worry about, whether your trip will work out. Just go!"
Zum leichten Entsetzen meiner Eltern kündigte ich die „Lebensstellung" als Kaufmann und begann einen Teil meines Geldes in einen guten Rucksack, Outdoorklamotten, Flugtickets und natürlich Travellerschecks anzulegen.

Dann ging es los. Erst folgte ich den üblichen Traveller-Routen mit Hilfe der alternativen Reiseführer. Da gibt es dann Tipps, wo man billig essen und noch billiger schlafen kann. An den Treffpunkten der Globetrotter erfährt man all das, was nicht in einem Reiseführer steht.

Zum Beispiel, wo es noch preiswertere Souvenirs gibt und wo noch etwas irgendwie billiger ist. Sowie die Geheimtipps von Orten, wo noch nie vorher ein anderer Globetrotter den Fuß hingesetzt hat. Irgendwann habe ich dann die Trampelpfade der anderen verlassen und bin selber jeweils in das Landesinnere der asiatischen Länder gereist. Zum Teil habe ich auch andere „Traveller" getroffen, die oft nur für ein paar Wochen unterwegs waren und sich durch komische Eigenschaften auszeichneten.

Die jammerten über schlechte Betten, über andauernde Hitze und viel zu hohe Luftfeuchtigkeit. Es war Ihnen alles zu staubig und viel zu schmutzig. Sie beschwerten sich über den „Saufraß", obwohl viele gute würzige Gerichte nur darauf warteten, verzehrt zu werden. Manche sehnten sich nach deutschem Schnitzel oder einem guten deutschen Bier. Und außerdem, warum gibt es hier nirgends so einen guten Kartoffelsalat wie zu Hause? Viele waren dann stolz darauf, berichten zu können, wenn es irgendwo eine Wirtschaft gab, wo es (fast) so gutes Essen gab wie zu Hause. Mit Essen war natürlich deutsche Küche gemeint.
Kurz gesagt, manche Leute fliegen um die halbe Welt und dann soll dort alles so sein wie in Deutschland. Aber bei der Rückkehr nach Deutschland schwärmt man dann von seinen exotischen Reiseerlebnissen, ohne etwas erlebt zu haben. Verrückt, aber wahr!

Ich habe das nie verstanden und werde es auch nie verstehen. Diese Mitreisenden spielten nicht auf meiner Wellenlänge. Die Rucksacktouristen, die wie ich bevorzugt die Gegenden abseits der Hauptstädte und der Touristenzentren bereist hatten und auch immer die einheimischen Gerichte verspeist haben wurden eigentlich auch nur im Abseits der Touristenghettos getroffen.

Unglaublich und auch ein bisschen beschämend war für mich und unsere Gesellschaft die große und selbstverständliche Gastfreundschaft, die mir vielerorts widerfuhr. Ich begegnete ärmeren und reicheren Leuten und begann auch die extremeren Unterschiede der verschiedenen Länder und Gesellschaftsschichten kennenzulernen. Eine Nacht schlief ich in einer Bambushütte und eine Nacht später unter freiem Himmel. Dann erhielt ich wieder eine Einladung in das Haus einer reichen Familie. Oder ich übernachtete in einem „Vier-Sterne-Hotel" weil nichts anderes zu finden war.

Improvisationen waren ständig angesagt. Die Zeit im Dschungel auf der Insel

Borneo oder Sumatra waren für mich genauso anziehend wie die Reisen in den „Großstadt-Dschungel" der Metropolen wie zum Beispiel in das Herz von Tokio. Oft hielt ich mich mit Menschen auf, die nicht mehr besaßen, als sie am Leibe trugen. Aber sie strahlten eine Lebensfreude aus, die ansteckend wirkte. Von ihnen konnte man lernen, was es für ein Reichtum ist, glücklich und zufrieden zu sein, ohne über irdische oder soll ich besser sagen, kaufbare Reichtümer zu verfügen? In Deutschland oder auch wohl in ganz Europa ist ein weitverbreiteter Irrtum sich mit Geld ein bißchen Glück kaufen zu können. Viele Menschen in den „reicheren Ländern" sind in einem schon ein wenig verrückten Konsumrausch, weil sie Geld haben und zu nichts anderem in der Lage sind als einfach etwas zu kaufen. In vielen Ländern Asiens habe ich sicherlich innerlich glücklichere Menschen getroffen die aber mit unseren Maßstäben gemessen sehr arm waren. Arm im Sinne von kein Geld. Aber zufrieden und glücklich, natürlich auch im gewissen Sinne geborgen in einer Großfamilie.

Die meisten Staaten Asiens können sich auch gar nicht finanziell gesehen um ihre Mitbürger kümmern. In den europäischen Ländern werden im Normalfall alle Menschen versorgt bei Krankheit, Arbeitslosigkeit, Alter usw. Trotzdem blicken viele angstvoll in Ihre Zukunft. Versteh das doch wer will?

Diese Reise wurde zur aufregendsten und lehrreichsten Entdeckung meines Lebens abseits des Alltags in Deutschland. Zum Alltag beim Reisen dagegen gehörte: stundenlanges Anstehen und Warten auf Fahrkarten oder Visa bei Behörden; Gespräche mit Menschen, denen man zufällig begegnet und die man vermutlich nie mehr im Leben wiedertrifft; suchen von Unterkünften für die Nacht; und Möglichkeiten, satt zu werden. Ich denke auch, je länger ich unterwegs war, desto mehr Selbstvertrauen und Mut habe ich bekommen, um noch länger weg zu bleiben und in noch ländlichere Gegenden vorzudringen.

Ich lernte auch meine eigenen Bedürfnisgrenzen kennen und benötigte immer weniger Konsumgüter, ohne die ich mir vorher mein Leben nicht vorstellen konnte. Ich hatte keinerlei Probleme ein Jahr ohne Telefon, Handy, Auto, Fernsehen und so weiter auszukommen. Alles, was ich brauchte und benötigte, war in meinem Rucksack verstaut. Und da waren natürlich keine Luxusgüter drin.

Trotzdem ergaben sich beim Reisen Probleme, an die ich nie gedacht hatte. Ich lernte Menschen kennen, mit denen ich gleiche Interessen und Meinungen teilte. Dann nahm man Abschied, weil man einfach weiterreisen musste. Ich habe mich nie an diese unentwegten Trennungen gewöhnt. Aber man lernt dadurch auch, dass nichts im Leben von Dauer ist. Manchmal kam ich mir rastlos vor, von einem inneren Drang weitergetrieben. Einfach immer weiter und dann noch ein anderes für mich neues asiatisches Land bereisen wie zum Beispiel Japan oder Burma. Dann wieder längere Zeit verschiedene Nationalparks auf der Insel Borneo besuchen und dann noch unbedingt diesen wundervollen Shwedagontempel in Burma anschauen und noch den Borobudurtempel in Indonesien. Einfach immer weiter und immer noch mehr. Oft hatte ich unter anderen gleichgesinnten Langzeitreisenden den Spruch gehört: „If you go back to Germany, you will never be the same again!" Als ich dann zurückkam, erkannte ich erst die wahre Bedeutung. Wer einmal eine längere Reise alleine macht, kehrt nicht mehr als dieselbe Person zurück. Es ist ja auch vieles im nachhinein gesehen paradox. Die Menschen in Europa jammern und haben Angst, ob sie im Alter über eine hohe Rente verfügen werden. Die meisten Asiaten, die ich kennengelernt habe, werden nie über eine Rente verfügen.

Zudem; jeder in Europa ist im Normalfall bis an sein Lebensende abgesichert durch eine im Detail ausgetüftelte Sozialversicherung, wie zum Beispiel eine Krankenversicherung oder wenn alle Stricke reißen eben Sozialhilfe. Viele glückliche Menschen in den armen Ländern die ich kennengelernt habe, werden nie in so einen Genuss kommen. Für viele Europäer ist das natürlich nicht zu verstehen. Denn in den Ländern der ersten Welt ist Glück oft mit Geld gleichzusetzen. Oder andersherum. Es ist für die meisten Deutschen nicht zu verstehen, warum Leute in der dritten Welt ohne Geld glücklich sein können.

Ich glaube auch, das niemand, der von einer Reise zurückkehrt, erwarten darf, das die Zuhausegebliebenen die Erfahrungen nachvollziehen können, die außerhalb der Norm sind. Denn ihre Welt und deren Erlebnisraum sind gleichgeblieben. Diese Erfahrung nimmt man mit. Und ich denke oft, es ist nicht besonders mutig, für ein Jahr wegzugehen, sondern es ist um so mutiger, nach einem Jahr wieder zurückzukehren. Ich auf alle Fälle habe genug Menschen getroffen, die den Absprung zurück in die eigene Heimat nicht mehr geschafft haben. Es ist in Asien nicht so schwer, unter fremden Menschen seinen eigenen Wunschträumen nachzugehen. Kraft kostet es dagegen, als der Eigenbrötler der man eventuell geworden ist, wieder in der eigenen Gesellschaft Fuß zu fassen.

Viele reisen gerne zu zweit oder zu dritt. Zwei Personen bilden eine kleine Insel im Strom des Fremden und Neuartigen. Außerdem konzentriert man sich automatisch auf seine Mitreisenden. Einheimische sind viel zugänglicher und man wird noch viel öfters angesprochen und eingeladen, wenn man ganz alleine unterwegs war. Daher bevorzugte ich in der Regel alleine zu reisen. Menschen allerdings, die sich nicht trauen, alleine zu reisen und zu Hause, ehe sie aufbrechen, keinen Reisepartner finden, werden entlang der Reiserouten in der Regel andere Reisende treffen. Es ist manchmal von Vorteil, sich nur streckenweise mit anderen zusammenzuschließen, da man dann nicht gebunden ist und sich jederzeit wieder trennen kann.

Es hat sich oft bewahrheitet: Wer seine Gedanken auf mögliche Gefahren konzentriert, zieht diese an. Reisende die von vornherein wissen, das sie von dem ungewohnten Essen krank werden, bekommen prompt Durchfall. Menschen die andauernd Angst vor einem Tropenfieber haben, bekommen dies dann auch oft. Ich hatte diesbezüglich nie Angst, aber ich habe immer Vorsicht walten lassen. Und... Ich hatte Glück, denn ich wurde nie ernsthaft krank. Sogar der gründliche ärztliche Checkup, den ich kurz nach der Heimkehr vornahm, hat keinerlei Krankheiten an das Tageslicht gebracht. Der Arzt hat sich sogar gewundert, dass ich nicht einmal einen Wurmbefall im Darm hatte.

Allerdings, Selbstdisziplin ist auf Fernreisen unbedingt nötig. Das betrifft vor allem Trinkwasser, Körperpflege und das Essen.

Andere Kulturen üben auf westliche Zivilisationsmenschen oft eine große Anziehungskraft aus. Doch das Andersartige verunsichert auch oft. Um Enttäuschungen und Missverständnissen vorzubeugen, ist es wichtig, sich bereits vor der Abreise vorzunehmen, für alles Neue offen zu sein und Vorurteile Daheim zu lassen. Sinnvoll ist es auch, sich nicht nur über touristische Sehenswürdigkeiten zu informieren, sondern ebenso über die Geschichte und allgemeine Benimmregeln. Daher ging ich vor meiner Abreise häufig in die Bücherei, um mich über Asien einzulesen. Das hat sich im Nachhinein gelohnt. Zum Beispiel in Japan. Dort ist es nicht unnormal, das ein Mann einen anderen befreundeten Mann einlädt, um zusammen nackt in einer Badewanne zu baden. Ich habe gewusst, das so etwas üblich ist. Trotzdem war ich dann schon erstaunt, als mich mein Freund in Japan gebeten hat, mit ihm ein Nacktbad zu nehmen. In unserem Kulturkreis würde so eine Einladung eher unter homosexuellen Paaren erfolgen.

Oder die Angewohnheit in Asien allgemein nicht eine Frage mit: „Weiß ich nicht!" zu beantworten, sondern mit irgendeiner Antwort, nur um höflich zu sein. In Europa ist das kein Problem. Wenn mich in meiner Stadt jemand nach einer bestimmten Straße fragt und ich weiß es nicht, dann sage ich das auch so. In Asien würde man irgendeine Antwort erhalten, auch wenn der Befragte gar keine Ahnung hat. Je länger ich dann unterwegs war, desto eher konnte ich abschätzen, ob eine Auskunft richtig oder falsch war. Die Falschantworten kamen immer etwas zögerlicher und langsamer. Die richtigen Antworten erfolgten meistens prompt.

Noch eine Anmerkung zum Schluss des Vorwortes. Wer im besuchten Land, an allem was ihm fremd und unverständlich erscheint, herumnörgelt wird Stress anstatt Spaß haben. Und jene, die als Besserwisser auftreten, werden zwar eine Reise gemacht haben, aber sicherlich keine Bereicherung erfahren haben. Reisen sollte jedenfalls immer mehr sein, als besichtigen.

Denn Reisen bietet die Gelegenheit, sich intensiv mit anderen Kulturen und Werten auseinanderzusetzen. Und... eine Reiseerfahrung kann einem keiner wieder wegnehmen. Was man erlebt hat, ist als schöne Erinnerung im Kopf. Alle Dinge, die man mit Geld kaufen kann, sind vergänglich und können immer nur mit Geld verkauft werden.

Reisen verändert. Die stetige Veränderung spontan und schrankenlos anzunehmen gehört zu den Grundprinzipien des Reisens. Dazu habe ich einmal einen guten Satz gelesen. Die Welt ist wie ein großes Buch. Der, der nie gereist ist, liest immer nur eine Seite davon. Man sollte eben auch einmal umblättern. Und ein chinesisches Sprichwort sagt: „Auch die größte und längste Reise beginnt nur mit einem ersten Schritt!"

Mein persönlicher Traum ist, wenn es mir meine Gesundheit erlaubt, diese einjährige Reise genau so wie ich sie durchgeführt habe, noch einmal zu unternehmen. Und zwar im Alter von 65 Jahren. Den Grundstein dazu habe ich schon gelegt. Ich habe ein persönliches Tagebuch geführt, in dem ich penibel jeden Tag eingetragen habe, was ich jeweils unternommen habe. Jeder Hotelname wo ich übernachtet habe, wurde mit dem Namen der Straße und der Hausnummer notiert.

Dazu immer eine Beschreibung, mit was für einem öffentlichen Verkehrsmittel ich weitergezogen bin. Diese Notizen sind so genau, dass ich sie jedem der Interesse an dem Nachvollziehen meiner Reise hat, zur Verfügung stellen kann.

# Kapitel I Singapur

In Singapur bin ich vom 13. bis zum 19. April 1993 gewesen. Diese Stadt war die erste Station meiner Asienreise. Der Flug von Frankfurt nach Singapur hat zwölf Stunden gedauert. Um 10 Uhr morgens bin ich gelandet. Mit dem Bus ging es dann in die Bencoolenstraße, dort sind die billigen Hotels. Diese sind entsprechend schmutzig. Ich habe mein Zimmer mit mehreren anderen Leuten geteilt. Trotzdem war es teuer. Eine Übernachtung mit Frühstück (Toast und Marmelade, sowie Kaffee) hat 15 DM gekostet.

In Singapur habe ich angefangen zu lernen, wie man mit Holzstäben ißt. Ein Junge hat es mir in einem Chinesenrestaurant beigebracht. Er fand es recht amüsant, da ich ziemlich lange zum Essen gebraucht habe.

An Sehenswürdigkeiten habe ich mehrere Tempel besichtigt. Wie zum Beispiel Sri Mariamman, Thian Hock Kong, Sri Krishnan. In diesen Tempeln hielten sich viele Leute auf. Gefallen haben mir die farbenprächtigen Bemalungen und die andauernde Betriebsamkeit. Trotzdem strahlten diese Tempel irgendwie Ruhe aus. Und es hielten sich verschiedene Altersgruppen in diesen Tempeln auf, vom Kleinkind bis zum Greis. In Chinatown und am Hafen war ich natürlich auch.

Ein Tagesausflug wurde auf die Insel Sentosa gemacht. Das ist ein Naherholungsgebiet. Vom Festland aus bin ich mit einer Seilbahn auf die Insel hinübergefahren. Die Kabinen waren recht klein und es hat arg geschaukelt. Auf der Insel habe ich unter anderem eine Schmetterlingsfarm und ein Aquarium besichtigt. Dieses ist wirklich sehr gut gemacht. Es ist so groß, dass man wie in einer Höhle durch das Wasser durchgehen kann. Wenn man zu müde ist um zu laufen, kann man sich auf einen fahrenden Bürgersteig stellen. Dieser fährt einen durch das Aquarium durch. Über sich und seitwärts ist dann das Wasser zu sehen. In dem Aquarium waren viele Haie, Mantas und Wasserschildkröten. Alles sehr sehenswert.

In Singapur gibt es eine besondere Art von U-Bahn. Zwischen dem Bürgersteig und den Gleisen ist alles komplett von unten bis oben verglast. Erst nachdem die U-Bahn nach dem Einfahren in dem Bahnhof komplett zum Stillstand gekommen ist, öffnet sich diese fest installierte Glasbarriere. Und natürlich die Türen der U-Bahn. Somit kann wohl nie ein Unfall passieren. In den U-Bahnen und im gesamten Untergrundbezirk herrscht Rauchverbot. Gegessen und getrunken werden darf dort auch nichts. Ich habe Singapur als sehr saubere Stadt in Erinnerung. Es gibt hohe Geldstrafen, zum Beispiel für das Wegwerfen einer Zigarettenkippe.

Eines Abends hat mich eine Reporterin von der Singapurzeitung interviewt. Sie wollte alles Mögliche von mir wissen. Zum Beispiel wie alt ich bin, ob mir die Stadt gefällt, warum ich hier bin, wie lange ich bleiben wolle, usw.

Einen Tagesausflug habe ich auch in den Zoo gemacht. Der ist großflächig angelegt und warzur Zeit meines Besuches nicht gerade voll mit Leuten. Ansonsten war der Zoo auch nicht anders wie bei uns zu Hause in Deutschland.

Die Zeit in Singapur hat mich 600 DM gekostet. Darin ist auch der Preis für eine Kamera enthalten. Nach einer Woche Aufenthalt bin ich dann weiter nach Indonesien geflogen, genauer gesagt auf die Insel Sumatra.

## Kapitel II Indonesien

Vom 19. April bis 10. Juni war ich in Indonesien und später noch einmal vom 6. Juli
bis zum 2. August 1993. Bereist habe ich Sumatra, Java, Bali und Lombok. In Sumatra ging die Reiseroute wie folgt. Medan, Tebingtinggi, Prapat, Toba-see, Berastagi, Medan. Auf der Insel Java habe ich folgende Städte besucht. Jakarta, Bogor,
Bandung, Jogjakarta, Cilacap, Kalipucang sowie Pangandaran. Dann ging es weiter
nach Bali und anschließend auf die Insel Lombok.
Indonesien hat mich ohne Flug 3.100 DM gekostet. Bei diesen Ausgaben sind auch
40 Kilogramm Souvenirs dabei. Außerdem meine Kleidung die ich größtenteils hier
im Lande gekauft habe. Die Währung in Indonesien heißt Rupiah. Für einen US Dollar habe ich 2.070 Rupiahs erhalten, wobei der Kurs von Bank zu Bank sehr
verschieden war.
　　　　Indonesien hat mir wie die anderen asiatischen Länder auch sehr gut gefallen.
Es gab wohlschmeckendes Essen wie zum Beispiel gebratene Nudeln mit Fleisch,
nette Leute, angenehmes tropisches Klima ab 25 Grad aufwärts und eine interessante Flora und Fauna. Zum Beispiel früchtefressende Flughunde und viele für mich
interessante Schmetterlinge. Das Rucksackreisen war relativ unkompliziert weil die
Indonesier hilfsbereit waren. Die positiven schönen Erlebnisse überwogen die
manchmal vorkommenden negativen. Anbei ein paar Beispiele.
　　　　Etwas, was mir in Indonesien sehr oft passiert ist, möchte ich vorab schildern.
Ich sitze irgendwo alleine. Entweder im Bus oder auf einer Fähre oder beim Abendessen im Restaurant. Ein Einheimischer sieht mich und spricht mich Englisch an. Er
stellt mir ein paar typische Fragen wie zum Beispiel: „Wie heißt du?" „Wo kommst
du her?" „Wie gefällt dir Indonesien?" „Bist du das erste mal hier?" „Wo warst du
schon überall in Indonesien?" Und so weiter und so weiter. Ich beantworte alles,
manchmal ohne auch nur eine Gegenfrage zu stellen. Dann ist (endlich!) der englische Wortschatz des Indonesiers erschöpft und er schweigt. Nach ein paar Minuten
Ruhe fragt er mich wieder: „Wie heißt du?" Und so weiter und so weiter. Das ist mir
in Indonesien oft passiert. Die Leute fragen mich das gleiche nacheinander zweimal.
Ich fand das nicht gerade angenehm.
　　　　Viele Indonesier sind arm. Aber ich persönlich glaube das viele schlicht und
einfach zu bequem sind, um an ihrer Situation etwas zu ändern. Ein Beispiel. Ein
Indonesier arbeitet als Schlepper. Das heißt, er überredet Touristen in ein bestimm-
tes Hotel zu gehen. Gelingt ihm das, bekommt er pro Tourist zum Beispiel 2 DM vom
Hotelmanager. Wenn er jetzt an einem Morgen glücklicherweise eine Gruppe von
zehn Touristen in einem Hotel abliefert kassiert er dafür 20 DM. Was macht der indonesische Schlepper anschließend? Feierabend! Er kauft sich Zigaretten, geht gut
essen  usw.  bis das ganze Geld ausgegeben ist. Erst anschließend geht er wieder
arbeiten. Mit dieser Arbeitsmoral kommt er natürlich nie vorwärts. In Asien denken
und handeln die Menschen eben anders als in Europa.
Am 19. April bin ich also von Singapur nach Sumatra in die Stadt Medan geflogen.
Hier war es sehr heiß und überall lag viel Unrat herum. Zudem herrschte lauter Ver-
kehrslärm. Am meisten schockiert haben mich die dreckigen Flüsse. Diese sind
offene Abwässerkanäle, in denen man oft die Slumbewohner baden sieht.

Hier hat es mir nicht gefallen. Der einzig positive Eindruck an dieser Stadt war, das ich eine junge hübsche Studentin kennengelernt habe. Diese hat mir indonesische und ich ihr englische Sprachkenntnisse beigebracht. Außerdem hat Sie mir die Stadt gezeigt.

Bald machte ich mich dann von Medan aus auf den Weg zum sehr schönen Toba-See. Ich habe einen Bus über Tebingtinggi nach Prapat genommen. In dem Bus war viel Schmutz und Unrat.

Als ich in Prapat ausgestiegen bin, war ich und meine Ausrüstung total verstaubt. Von dem Hafenort Prapat aus habe ich eine Fähre quer über den Toba-See in das Dörfchen Ambarita genommen. Ambarita liegt auf einer Insel mitten im See. Diese Überfahrt verlief sehr gemütlich, die Sonne schien und es war fast windstill. Über-nachtet habe ich in einem Gästehaus direkt am Seeufer. Dieses war neu erbaut und blitzblank sauber. Die Logis für eine Nacht hat nur 4 DM gekostet.

Am darauffolgenden Tag habe ich mir ein Motorrad gemietet. Mit diesem bin ich auf der Insel herumgefahren. Das war ganz schön ungewöhnlich auf der für uns falschen, das heißt linken Seite zu fahren.

Interessant waren die heißen Quellen bei Pangururandan. Ich schätze das Wasser war so 70 Grad heiß. Man konnte die Hand nur kurz im Wasser halten. Schön war auch das Dörfchen Simanindo. Dort haben mich Kinder gesehen und gleich mitgenommen damit ich Ihr Elternhaus anschaue. Dieses war sehr simpel aus Holzlatten zusammengezimmert.

Am nächsten Tag habe ich dann mal einen kleinen Lokalbus benützt. Dieser war so groß wie ein R4 und hatte eine Ladefläche mit Sitzplätzen. In dem Bus be-fanden sich wohl an die zehn Leute und Reissäcke und Bananenstauden und Ana-nas und Kinder. Es war unglaublich eng.

Nach ein paar Tagen machte ich mich auf, um weiter zu reisen. Ich verließ am frühen Morgen das Hotel und wartete am Seeufer auf die Fähre. Diese Fähre hat am Seeufer viele Haltestellen um Passagiere ein - oder aussteigen zu lassen. Als das Boot endlich kam, war ich froh einzusteigen. Der Kapitän brauchte immer sehr lange um mit seinem Boot anzulegen. Manche Haltestellen lagen nur 50 Meter auseinan-der. Was mich da so gewundert hat, war das die Indonesier nicht alle an einer Pier eingestiegen sind. Dann wäre die Fahrzeit für das Boot viel kürzer gewesen. Aber eine asiatische oder in diesem Fall genauer gesagt eine indonesische Mentalität be-sagt, das Zeit keine Rolle spielt.

Und zudem; laufen sieht man die Einheimischen sehr selten. Auch für sehr kurze Entfernungen nimmt man ein öffentliches Verkehrsmittel wie Fähre, Bus oder ein Privatfahrzeug. Die Fähre verließ ich wieder am Ort Prapat. Dann bestieg ich den Bus nach Tongging. Hier besichtigte ich ein großes altes langes Holzhaus, das einem König gehörte: der Simalungun-Palast. Von dort aus ging es dann weiter zu dem schönen Sipisio-Piso Wasserfall. Ich fuhr mit dem Bus weiter nach Berastagi, wo ich auch übernachtete.

Übrigens, die Mädchen die in den Gästehäusern arbeiten, bekommen dafür nur freie Kost und Logis.

Hinzu ein monatliches Taschengeld von umgerechnet 20 DM. Trotzdem sind diese Mädchen oft sehr gut angezogen. Manche versuchen und schaffen es auch von diesem Hungerlohn Geld zu sparen. Darauf sind sie dann besonders stolz. Arbeiten müssen sie übrigens jeden Tag, das heißt auch Samstag und Sonntag. Allerdings ist das Arbeitstempo sehr gemütlich.

Was mich beim Herumreisen in Sumatra auch immer wieder erstaunt hat war, das viele Leute in ihrem ganzen Leben noch nie mehr als 20 Kilometer von ihrem Geburtsort weg waren. Der Grund dafür ist, dass sie kein Geld haben, um die Verkehrsmittel und die Übernachtung zu bezahlen.

Eine Hotelangestellte hat mich mal mit in ihr Dorf genommen. Dort hat sie mir ihr Elternhaus gezeigt. Die Eltern hatten nur total alte verschlissene, aber saubere Kleidung an. Das Haus war sehr primitiv und es gab kein fließendes Wasser und keinen Strom. Der Boden war nur fest getrampelte Muttererde und im Haus waren keine Möbel. Für alle Familienmitglieder gab es nur diesen einen Raum. Die anderen im Dorf lebten auch nicht anders. Trotzdem hat eigentlich keiner einen traurigen Eindruck gemacht. Im Gegenteil, ihre Eltern und das Mädchen haben sich sehr gefreut, dass einmal ein Ausländer zu Gast war.

In Berastagi war ich öfters auf dem Markt um einzukaufen. In der Regel hat für mich als Ausländer alles doppelt so viel gekostet wie für die Indonesier. Es gab sehr viele verschiedene wohlschmeckende Früchte. Manche hatte ich noch nie vorher gesehen.

Von Berastagi fuhr ich mit dem Bus dann wieder zurück nach Medan. Dort war abends ein moslemisches Fest. Überall konnte ich dort die indonesische Küche testen, das war gut. Viele der Festbesucher haben mich mit der Familie zusammen fotografiert. Auf der Rückfahrt von dem Fest zu meinem Gästehaus hatte ich ein unschönes Erlebnis. Ich stoppte einen Tuk-Tuk-Fahrer. Ein Tuk-Tuk ist ein öffentliches kleines Taxi. Das Vorderteil ist ein Motorrad oder genauer gesagt oft nur ein Mopedvorderteil. Das Hinterteil ist dann von einem Auto. Das Tuk-Tuk hat also 3 Räder, vorne eines und hinten zwei. Im Hinterteil sind dann Sitze für die Fahrgäste angebracht. Solche Tuk-Tuk gibt es in vielen asiatischen Ländern. Für einen bestimmten Geldbetrag sollte der Tuk-Tuk-Fahrer mich also in mein Hotel zurückfahren. Alles gut, alles klar. Ich besteige das Tuk-Tuk und los geht es. Nach ein paar hundert Metern fährt er plötzlich in eine andere Richtung. Als ich ihn darauf aufmerksam machte, meinte er, das sei eine Abkürzung. Nach längerem in der Gegend herumfahren, bleibt er auf einer lebhaften Kreuzung wo viele Tuk-Tuk-Fahrer sind, stehen. Hier erklärt er mir, er wisse den Weg in mein Hotel nicht.
Ein anderer Fahrer (was für ein Zufall?!) kannte den Weg. Für den doppelten Betrag den ich schon ausgehandelt hatte, würde er mich dorthin fahren. Mein Fahrer drängte mich umzusteigen und ihm hier und jetzt auch noch sein Fahrgeld zu geben. Ich habe mir gleich gedacht, dass das ein abgekartetes Spiel ist. Also blieb ich stur im Taxi sitzen und erklärte, dass ich keinen Pfennig mehr bezahle als ausgemacht. Nach längerem hin und her fuhr mein Taxi wieder los. Ich überlegte, solange ich nicht aussteige, kann er auch nicht anderweitig Geld verdienen. Wieder kurvten wir

längere Zeit in der Stadt herum. Nachdem wir mehrere Passanten nach dem Weg gefragt hatten, kamen wir endlich am gewünschten Ziel an. Hier forderte der unverschämte Kerl auf einmal viel mehr Geld von mir als vereinbart, mit der Begründung er hätte mehr Sprit verfahren. Da war ich echt sauer. Ich habe natürlich nicht mehr bezahlt.

Von der Stadt Medan (das liegt in Sumatra) bin ich weiter nach Jakarta der Hauptstadt Indonesiens geflogen. Diese Insel hieß Java. Dort wollte ich nicht übernachten. Also bin ich noch am gleichen Tag mit dem Zug und einem Dritter Klasse-Ticket nach Bogor gefahren. Der Zug war so voll, dass ich die ganze Zeit stehen musste. In dem Zug waren viele Bettler unterwegs. Die meisten waren blind. In Bogor habe ich das Zoologische Museum besichtigt, dort gab es ein 27 Meter langes Walskelett zu sehen. Zudem war ich im botanischen Garten. Dieser ist großzügig angelegt und man kann dort viele Bäume aus verschiedenen Ländern sehen. Die Bäume waren teilweise sehr alt und imposant, zudem war der Park sehr gepflegt. Auch gab es einen schönen Teich.

Abends ging ich einmal mit ein paar Einheimischen ins Kino. In dem Kino war der Ton Englisch mit indonesischen Untertiteln, somit habe ich den Film gut verstanden. In Bogor habe ich viele fliegende Hunde gesehen. Diese Tiere essen nur Früchte und sind rabengroß. Aussehen und fliegen tun sie wie Fledermäuse. Abends hat man diese Tiere oft in Gruppen langsam umherfliegen sehen. Am Wochenende war ich dann auf einem Jahrmarkt. Dort waren viele Familien mit ihren Kindern unterwegs. Die Indonesier waren gut angezogen. Da ich alleine herumgeschlendert bin wurde ich oft angesprochen. Die Leute waren nett. Nachdem ich ein paar Tage in Bogor gewesen bin, habe ich mich entschlossen weiterzuziehen.

Ich fuhr mit dem Bus nach Bandung. In dieser Stadt bin ich das erste Mal auf meiner Reise verlorengegangen. Denn dort wo ich aus dem Bus ausgestiegen bin, sprach keiner Englisch. Und mein Indonesisch war noch zu wenig vorhanden. Das wäre nicht weiter schlimm gewesen. Blöd war halt, das ich an einer Stelle aus dem Bus ausgestiegen bin, die nicht in meinem großen Stadtplan eingezeichnet war. Ich war also etwas außerhalb gelandet. Nachdem ich längere Zeit überlegte, was zu tun sei, sprach mich ein Indonesier auf Englisch an.
Er wollte mir helfen. O.K. Wir fuhren gemeinsam mit dem Bus zu meinem gewünschten Ziel in die Innenstadt. Da er von mir noch besseres Englisch lernen wollte, war ich mit ihm, solange ich in Bandung gewesen bin, die ganze Zeit unterwegs.

Das interessanteste in Bandung ist der Tangkuban-Prahu-Krater. Das heißt eigentlich sind es ja zwei nahe nebeneinander liegende Krater. Beide sind mit Wasser gefüllt. Überall hat es nach Schwefel gestunken, dieser trat in dicken Rauchschwaden an mehreren Stellen aus. Um einen der Krater bin ich herumgelaufen. Es ging steil bergauf und bergab und teilweise durch schönen dichten Dschungel. Sehr nahe bei dem Tangkuban-Prahu-Krater war der Domas Krater. Dort war ein Geysir. Das war ein bißchen gefährlich, denn auch der Boden war so heiß, dass man ohne Schuhe nicht hätte laufen können.

Von Bandung aus bin ich mit dem Zug nach Jakarta gefahren. Diesmal allerdings zweiter Klasse, das war besser. Ich hatte einen reservierten Sitzplatz und der Zug war recht schnell, da ein zweiter Klasse-Zug nicht an jedem Bahnhof hält. Von Jakarta aus bin ich nach Jogjakarta weitergeflogen. Im Flugzeug habe ich einen japanischen Traveller kennengelernt.

Das schönste in der Nähe von Jogjakarta war für mich zweifelsohne der Borobudur Tempel. Dieser ist aus großen dunklen Steinen gebaut. Er ist quadratisch mit Treppen an allen vier Seiten. Der Tempel hat sechs übereinander liegende Terassen. Die Mauern des Tempels sind mit Steinmetzarbeiten geschmückt. Sie erzählen das Leben Buddhas. Archäologen haben ausgerechnet, dass 10.000 Arbeiter 100 Jahre an diesem Bauwerk gearbeitet haben müssen. Ich war einen ganzen Tag dort, um den Tempel zu bewundern.

Am gleichen Abend hat ein Indonesier meinen japanischen Freund und mich zum Essen eingeladen. Der Indonesier hatte viele verschiedene Speisen bestellt, so dass wir alles Mögliche probieren konnten. Am besten haben mir die Wachteln geschmeckt. Diese waren scharf gewürzt und waren gut durchgebraten. Dazu gab es Reis und Gemüse.

Ein anderer Tempel in der Nähe von Jogjakarta ist der Prambanan. Dieser ist ein Tempel der Hindus. Prambanan besteht allerdings aus vielen kleinen einzelnen Bauwerken, insgesamt 224 Stück. Das höchste Bauwerk ist 50 Meter hoch und sehr spitz gebaut. Da zur Zeit meines Besuches gerade eine Vollmondnacht war gab es abends im Prambanan Tempel eine Tanzvorführung. Sie hieß Ramayana Balett. Ich schätze 100 farbenprächtig angezogene Tänzerinnen und Tänzer führten ein Stück auf. Dazu indonesische Musik. Diese wurde live von einem Orchester gespielt. Das Balett wurde unter freiem Himmel aufgeführt. Es gab dazu eine qualitativ hochwertige Untermalung mit einer Lichtorgel, die dauernd die Schauspieler in verschiedenen Farben beleuchteten.

In Jogjakarta habe ich dann das erste Mal auf meiner Reise Travellerschecks gekauft. Das war sehr zeitraubend. Insgesamt vier Stunden war ich unterwegs, bis ich eine Bank gefunden hatte, welche Schecks zu einem akzeptablen Preis in Bargeld umtauschte.

Nachdem ich mich also mit Geld versorgt hatte, ging es per Bus nach Cilacap. Von dort aus mit der Fähre nach Kalipucang. Diese Bootsfahrt war sehr angenehm, denn das Boot tuckert nur langsam vor sich hin. Die Indonesier transportieren viele Nahrungsmittel. Einer zum Beispiel hatte in einem großen Sack zwei lebende armdicke Schlangen.

Von Kalipucang nahm ich einen Bus nach Pangandaran. In diesem Hafenort habe ich dann Souvenirs gekauft, um sie nach Hause zu schicken. Da es mir hier gefallen hat, bin ich viele Wochen später wieder an diesen Ort zurückgekehrt. Nachdem ich so wohl eine Woche in Pangandaran war, bin ich wieder zurück nach Jogjakarta. Dort habe ich mich in ein Flugzeug gesetzt und bin auf die Insel Bali geflogen.

Von Bali war ich allerdings etwas enttäuscht. Denn die Insel ist voll auf den

Tourismus eingestellt. Da Bali einen internationalen Flughafen hat, waren viele Kurzzeiturlauber da, zu viele. In der Stadt Kuta war es dann besonders schlimm. Auf der Straße wurde alles mögliche verkauft. Wie zum Beispiel Souvenirs, Zigaretten, T-Shirts, Schmuck, Drogen, falsche Uhren, leichte Mädchen.

In den Dörfern im Innern der Insel war es besser. Manche Orte haben sich auf das Herstellen von bestimmten Waren spezialisiert. So gibt es zum Beispiel in Mas Holzschnitzereien, in Celuk Silber, in anderen Dörfern nur aus Stein gemeißelte Statuen. Von Bali habe ich dann auch ein 20 Kilo Paket mit Andenken nach Hause geschickt. Mehrmals habe ich Tagesausflüge in die nähere und weitere Umgebung unternommen. Ich beschreibe im folgenden nur die Sehenswürdigkeiten dir mir gefallen haben.

In der Nähe des Dorfes Bedugul war ein Tempel, der in einem Süßwasser See steht. Er heißt Ulun Danu Beratan. Auch die Umgebung des Sees war schön, da dort nicht viele Häuser standen. Ein anderer Tempel hieß Tanah Lot. Dieser ist am Strand auf einer Klippe gebaut. Bei Flut wird diese Klippe komplett von Wasser umspült. Man kann dann nicht hinübergehen. Das sieht dann vom Festland aus gesehen sehr malerisch aus.

Der Besakih Tempel ist der älteste und heiligste in Bali. Er liegt am Fuße des Berges G. Agung in 1000 Metern Höhe. Bevor man den Tempel erreicht, muss man an zahllosen Souvenirständen vorbeilaufen.

Interessant war auch die Höhle Gaa Lawah. Vor dem Eingang dieser Höhle ist ein kleiner Tempel. Dort saßen viele gläubige Indonesier in farbenprächtigen Kostümen auf dem Boden. Die Höhle ist total voll mit Fledermäusen. Es sind so viele, das hunderte von ihnen außerhalb von der Höhle an den Felsen sitzen, beziehungsweise hängen. Hier konnte ich diese Tiere sehr gut aus der Nähe begutachten. Ein paar Tage habe ich auch in der Stadt Ubud verbracht. In dieser Ortschaft gab es sehr schöne Gästehäuser. Die meisten hatten einen großen, schön angelegten Garten mit farbenprächtigen tropischen Blumen.

Das Gästehaus, in dem ich mich aufhielt ist wohl eines der besten auf meiner Reise in Asien gewesen. Es hatte nur zwei Zimmer und einen gepflegten kleinen Garten. Das Haus war ein Neubau. Ich bekam ein frisches Handtuch und eine Seife, was normalerweise nicht üblich ist. Die Zimmer waren innen geschmackvoll eingerichtet. Die Möbel waren aus Bambus. Der Boden war gekachelt. Geputzt wurde mein Zimmer täglich. Das war in den anderen Gästehäusern selten der Fall. Die Leute waren überaus freundlich und haben immer versucht, mir alle meine Wünsche zu erfüllen.

Hier möchte ich nun den Unterschied von einem Gästehaus zu einem europäischem Hotel erklären. Nun ja, ein Gästehaus ist prinzipiell nur für wenig Touristen eingerichtet. Oft für 5 bis 10 Leute. Der Standard ist sehr niedrig. Die Toiletten und Duschen werden von allen Gästen zusammen benützt und befinden sich meist im Gang. Frühstück gibt es meistens nicht. Häufig gibt es auch keine Klimaanlagen. Moskitonetze sollte man lieber auch selber mitnehmen, da die vorhandenen Netze oft schon kaputt, also löchrig sind. Die Preise in einem Gästehaus sind dementsprechend günstig. 10 DM oder 20 für eine Übernachtung sind oft der Fall.

Mitten in der Stadt Ubud gab es einen sogenannten Nachtmarkt. Jeden Abend habe ich hier gespeist und getrunken. Es gab ungefähr zwanzig aufgebaute Küchen, wo es verschiedene indonesische Speisen zum Ordern gab. Die Strände in Bali waren nicht besonders sauber. Außerdem gab es, wie ich schon erwähnt habe für meinen Geschmack zu viele Touristen.

Daher wollte ich etwas anderes sehen. So bin ich also mit der Fähre von der Insel Bali auf die Insel Gili Terawangan. Diese Insel ist sehr klein und liegt ganz nahe bei der Insel Lombok. Für die Reise von der Insel Bali nach Gili Terawangan habe ich einen ganzen Tag gebraucht, aber das hat sich gelohnt.

Die Bungalows hatten alle keinen Strom und kein fließendes Wasser. Jeder Bungalow war aus Holz gebaut. Die Dächer waren mit Kokosnussblättern gedeckt. Es hat nur ein paar Stunden gedauert, um die Insel zu erkunden. Fast jeden Tag bin ich auf der Insel meinen zwei Lieblingsbeschäftigungen nachgegangen: Schwimmen und exotisch-asiatisch essen.

Es gab ein Korallenriff und dort konnte ich viele fremdartig anmutende Fische sehen. Viele waren auffällig gefärbt und überhaupt nicht scheu. Ich glaube, dass ich viele dieser Fische schon einmal in Meeresaquarien gesehen hatte.

Meine zweite Lieblingsbeschäftigung auf der Insel war das Verspeisen von Meeresgetier, vorzugsweise Fisch. Am besten hat mir der Barracuda geschmeckt. Dieser war frisch, denn ein paar Fischerfamilien lebten auch auf der Insel. Die verkauften den Fisch gleich nach dem Fang an die Restaurants. Das Verkehrsmittel auf der Insel Gili Terawangan waren übrigens kleine Kutschen mit zwei Rädern. Diese wurden von Pferden gezogen. Das war für die Tiere recht anstrengend, da die Räder der Kutsche immer tief im Sand einsanken. Es gab auf der Insel auch Ananas und Kokosnüsse. Obwohl diese von anderen Inseln hierher transportiert werden mussten waren sie günstig. Eine Ananas oder eine Kokosnuss kosteten umgerechnet nur 50 Pfennige. Nachdem ich eine schöne Zeit auf der Insel verbracht hatte, ging die Reise wieder zurück nach Bali und von dort aus mit dem Flugzeug nach Japan.

Viele Wochen später bin ich von Hongkong aus zurück nach Indonesien geflogen. Gelandet ist das Flugzeug in Jakarta auf der Insel Java.

In Jakarta habe ich mein Visum für Thailand beantragt. Da dieses ein paar Tage dauerte, habe ich mir die Hauptstadt Jakarta angeschaut.

Dabei habe ich eine Frau kennengelernt die eine interessante Karriere gemacht hat. Ich habe sie ganz in der Nähe ihrer Arbeitsstelle, beim Hyatt Hotel getroffen. Sie hat mir erzählt, dass sie in den Slums von Jakarta aufgewachsen ist und keine Schule besucht hat. Da sie keine Arbeit gefunden hat, ist sie dauernd an diese Plätze gegangen, wo sich die Reisenden aus den anderen Ländern getroffen haben. Dort hat sie dann ganz langsam von den Touristen Englisch gelernt. Als sie die Sprache einigermaßen beherrschte, hat sie eine Arbeit in einem Gästehaus gefunden. Laufend hat sie sich dann dort immer intensiver mit den Touristen unterhalten. Dabei wurde ihr Englisch immer besser. Je mehr sie die Sprache konnte, desto besser bezahlte Arbeit konnte sie annehmen. Das ging so lange, bis sie eines Tages ihre jetzige Arbeitsstelle im Hyatt Hotel bekommen hat. Allerdings muss ich sagen das diese Frau außergewöhnlich attraktiv war. Das war sicherlich mit ein Grund warum sie die Stelle in der Rezeption des Hotels bekommen hat.

In Jakarta habe ich dann einige Sehenswürdigkeiten besichtigt, wie zum Beispiel die Istiglal Moschee, die eine große Kuppel hat. Außerdem war ich am National Monument auf dem Merdeka Platz. Dieses Monument ist 132 Meter hoch und viereckig.

Das Nationalmuseum habe ich auch besichtigt, aber das hat sich nicht gelohnt. Denn es gab fast keine Informationen auf Englisch. In Jakarta gibt es mehrere Einkaufsviertel. Eines heißt Pasar Baru, dort kann man alles mögliche kaufen, unter anderem sogar europäische Konsumgüter. Die Indonesier, die hier einkaufen, gehören wohl zu den wenigen Reichen.

In den Slums von Jakarta war ich auch. Dort sieht es nicht besonders gut aus, überall liegen Müllhaufen herum. Einem Kind habe ich in den Slums ein T-Shirt geschenkt.

Als ich nach ein paar Tagen mein Visum nach Thailand hatte, bin ich von Jakarta mit dem Zug nach Bandung gefahren. Am nächsten Tag bin ich dann mit dem Bus weiter nach Pangandaran. Das ist der Hafenort an dem ich vor vielen Wochen ja schon einmal war. Der Unterschied zu meinem letzten Besuch war überraschend. Die Preise für die Übernachtungen waren fünfmal höher und es waren viele Indonesier zum Urlaub machen hier. Tja, das war die sogenannte Hochsaison. Zudem waren fast alle Hotels ausgebucht. In Pangandaran bin ich dann auswärts vom Zentrum in einem Gästehaus untergekommen. Dort war ich ein paar Wochen lang.

Pangandaran ist eine Halbinsel. Sie ist von Dschungel überwuchert. Bevor man zu dieser Halbinsel kommt, muß man über eine Landzunge gehen. Hier sind die Strände. Einer im Westen und einer im Osten. Mehr in Richtung Festland sind dann die Hotels und die Häuser in denen die Einheimischen wohnen. Was habe ich nun so in Pangandaran gemacht?

Relativ oft war ich auf der Halbinsel im Dschungel. Dort gab es viele Tiere wie zum Beispiel die Hornbills. Das sind rabengroße Vögel mit einem großen dicken Schnabel.

Zudem waren dort viele Affen, diese waren fast zahm und recht frech. Wenn ich mich zu weit von meinem Rucksack entfernt hatte, waren gleich die Affen da. Die öffneten dann mein Gepäck, um nach Essen zu suchen. Außerdem gab es viele Eidechsen und Insekten. Sehr anziehend für mich waren die Ameisen. Einmal habe ich eine Ameisenstraße entdeckt. Das waren wohl Wanderameisen. Alle gingen in eine Richtung. Fast jede hat etwas mit sich herumgeschleppt, das waren Ameiseneier. In einer mehreren Zentimeter breiten Spur gingen sie recht zügig voran. Ich bin der Ameisenstraße im Dschungel nachgelaufen. Viele Meter später sind sie alle in einem Loch im Boden verschwunden.

Zudem gab es im Dschungel viele Termitenhügel und Skorpione. Diese waren allerdings immer klein, zirka zwei Zentimeter. Zum Glück hatte ich in Pangandaran eine nette Reiseleiterin, mit der ich oft zusammen unterwegs war. Einmal hat sie mit mir und noch mit einer Anzahl von anderen Leuten einen Tagesausflug in den Dschungel gemacht. Wir waren fünf Einheimische und zwei Touristen.

Der andere Tourist und ich hatten, da es nun mal im Dschungel keine Wirtschaft gibt, jeweils einen Rucksack mit Essen und Trinken dabei. Alle Indonesier zogen ohne Gepäck los. Na ja, ich habe mir gedacht, die sind wohl die Hitze gewöhnt und brauchen nichts zu trinken. Wir laufen also alle gemeinsam los, es geht quer über die Halbinsel bis an das Meer. Dort war eine Klippe. Hier hat ein kleiner Indonesier Hunger und Durst gekriegt. Seine Mami bittet mich höflich um Essen und Trinken. Ich gebe ihr alles was ich habe, eine große Packung Kekse und eine Flasche Wasser. Interessiert beobachtete ich wie die von mir Beschenkten reagieren würden? Die Mama und ihr Kind bleiben auf der Klippe sitzen. Die restlichen der Gruppe kletterten auf Lianen die Klippe abwärts. Das war nicht ungefährlich, aber es hat sich gelohnt. Unten angekommen, war ein Süßwasserteich in dem man toll schwimmen konnte. Von der Klippe oben herab stürzte ein Wasserfall direkt in den Teich. Hier hat es uns allen sehr gefallen.

Nachdem wir lange genug gebadet hatten, ging es den beschwerlichen Weg auf die Klippe hoch zurück. Wir waren hungrig und durstig. Und was ist passiert? Der kleine Bub hat alleine fast alle meine Kekse verspeist! Vom Wasser war auch nicht mehr viel da. Ich zeige meinen Unmut mit einem bösen Gesichtsausdruck. Die Mami des Jungen meinte achselzuckend, er habe halt Hunger gehabt. So hat sich die Gruppe die restlichen Nahrungsmittel geteilt. Aber so eine kurzsichtige Verhaltensweise ist in Indonesien nicht unüblich. Man denkt nicht mal so weit, sich das Essen einzuteilen, oder das die anderen der Gruppe vielleicht auch hungrig sein könnten.

An mehren Stellen der Halbinsel gab es schöne einsame Strände. Einer hieß „Weißer Sand" Dort saßen auch immer viele Affen am Strand herum.

Fast jeden Tag bin ich morgens zur Fischbörse gelaufen. Dorthin haben alle Fischer ihren Fang gebracht und verkauft. Von dort wiederum wurde der Fisch an die Restaurants verkauft. An dieser Börse habe ich viele verschiedene Fische gesehen. Zum Beispiel Makrelen und Barracuda. Fast täglich waren dort auch so zwei bis fünf Meter lange Haie, Merline und Mantas. Zudem gab es natürlich auch Krabben und Tintenfische. Viele dieser Tiere lebten noch. In der Regel wurden sie nicht gleich getötet, sondern lebendig verkauft. Tot waren nur die großen Tiere wie zum Beispiel die Haie. Viele der Fische die angeliefert wurden, habe ich allerdings nicht gekannt.

Es gab übrigens mehrere Arten, um zu fischen. Einmal mit der Angel, dann vom Fischerboot aus mit einem Netz. Eine andere Art ging folgendermaßen. Ein kleines Boot hat ein Netz mehrere Kilometer weit weg von der Küste in das Meer geschmissen. An dem Netz waren 2 Seile befestigt. Diese Seilenden wurden mit dem Boot an den Strand gebracht. Dort wurden diese Schnüre von mehreren Leuten geschnappt. Diese zogen dann das Netz in vielen Stunden Arbeit wieder zurück an Land. Manchmal war viel Meeresgetier drin, manchmal weniger. Aber eines war fast immer im Netz, Müll. Tiere, die nicht essbar waren, wie zum Beispiel Kugelfisch oder Muränen, wurden einfach am Strand liegengelassen, dort verendeten sie langsam.

Eine andere Sache, die ich in Pangandaran auch fast täglich gemacht habe, war gut essen. Am liebsten habe ich den Barracuda sowie Krebse und Krabben ge-gessen. Sehr schmackhaft war auch der „Red Snapper". Dieser Fisch sieht wie ein Karpfen aus, ist aber viel größer und rötlich. Einmal habe ich einen sechs Monate alten Babyhai verspeist. Der schmeckte aber nicht so gut. Er hat übrigens 4 DM gekostet. Tintenfische und Muscheln habe ich auch öfters gegessen. Zu dem Essen gab es gepreßte Säfte. Es gab zur Auswahl Kokosnuss, Ananas, Banane, Mango, Sternfrucht, Melone, Papaya, Marquisa. Von der Frucht Marquisa gibt es drei ver-schiedene Geschmacksrichtungen. So ein komplettes Menü, das heißt Fisch bezie-hungsweise Krebs mit Reis und Gemüse und dazu mehrere Säfte hat so ungefähr 4 bis 8 DM gekostet. Für 6 bis 10 DM bekam ich 1 Kilo Krebse (6 bis 8 Stück.) Das war genug für zwei Personen. Ein einfaches Essen wie Reis mit Gemüse oder Nudeln mit Hühnerfleisch kostete in der Regel 1 DM. Für 50 Pfennige bekam ich eine ganze Ananas oder eine Kokosnuss.

Einmal habe ich auch einen Tagesausflug von Pangandaran aus gemacht. Meine Reiseleiterin und ich haben uns ein Motorrad gemietet. Damit sind wir 30 Ki-lometer zum „Green Canyon" gefahren. Dort ging es an einen Fluss zu einer kleinen Bootsanlegestelle. Von hier aus haben wir ein Boot gechartert. Damit ging es ziem-lich lange den Fluß aufwärts. Am Ufer des Flusses begann der Dschungel. Dann wurde das Ufer immer steiler, bis man zu einem kleinen Wasserfall kam. Dort haben wir das Boot verlassen und sind teilweise geschwommen und am Flußufer entlang geklettert. Das ging solange bis wir in einer kurzen Unterwasserhöhle waren. Hier war das Wasser voller kleine Fische.
An der Wand der Höhle kletterten ganze Heerscharen von kleinen Krebsen umher. Sie waren so groß wie ein Daumennagel und an den feuchten Stellen saßen sie mehrere Zentimeter dicht übereinander. Hinter dem Wasserfall war das Wasser rela-tiv tief und da sind wir dann lange geschwommen. Am späten Abend ging es dann mit dem Motorrad zurück. Auf dem Rückweg haben wir noch mal am Meer an einem Strand namens Batu Hiu gestoppt. Dort konnten wir nicht schwimmen, da die Wellen zu hoch waren.

In Pangandaran habe ich oft den hiesigen Markt besucht. Dort habe ich alle möglichen Früchte gekauft und probiert. Viele haben sehr gut geschmeckt. Norma-lerweise habe ich für diesen Weg ein Fahrrad ausgeliehen, da es ziemlich weit war. Das Rad hat mir netterweise immer der Hotelbesitzer gegeben. Damit war ich fast täglich unterwegs.

An einem anderen Tag haben drei Leute und ich uns ein Boot für den ganzen Tag gemietet. Damit sind wir dann auf das Meer hinausgefahren, um zu schwimmen und zu schnorcheln. Das war recht lustig da wir zu viert waren. Aber im Wasser wa-ren nicht so viele Korallen und Fische zu sehen. An vielen Tagen ging ich nur schwimmen. Das Wasser war stets angenehm warm.

Leider ging die Zeit in Pangandaran viel zu schnell vorbei und ich musste wei-terziehen. Von Pangandaran aus bin ich mit dem Bus nach Bekasi und anschließend nach Jakarta. Dort habe ich noch einmal übernachtet.

Dann flog ich nach Bangkok in Thailand.

Mein zusammenfassender Eindruck über Indonesien ist folgender.

Jede Insel auf der ich war, hatte ihren eigenen Charakter. Sehr gefallen hat mir in Sumatra der Toba See und in Java der große Borobudur Tempel. Auf Bali gab es viele schöne Tempel, aber alles in allem war mir diese Insel zu touristisch. Schön war auch die Zeit auf der kleinen Insel Gili Terawangan, denn dort konnte ich viel schnorcheln und gutes Meeresgetier speisen. Zudem war diese Insel etwas abgelegen und somit ruhig.

Ganz besonders hat es mir allerdings der Hafenort Pangandaran angetan.

## Kapitel III  Japan

In Japan war ich vom 10. bis zum 22. Juni 1993. Die Reiseroute im Land war wie folgt: Tokio, Berg Fujiyama, Hiroschima, Mijaschima wieder Hiroschima, Kyoto und zurück nach Tokio. Die Währung in Japan ist der Yen. Für einen US Dollar habe ich 106 Yen erhalten.

Den besten Kurs zum Geld wechseln erhielt ich erstaunlicherweise nicht innerhalb des Landes Japan, sondern in Indonesien. Zum Glück hatte ich dort relativ viel Geld umgetauscht. Ich hatte den Tip, Geld außerhalb Japans zu wechseln in einem Buch gelesen. Der Aufenthalt hat mich 1.500 DM gekostet. Der Flug nach Japan und zurück ist dabei nicht eingerechnet. Alles in allem war Japan wohl das teuerste Land, das ich bereist hatte. Rucksacktouristen habe ich in Japan selten getroffen.

Am 10. Juni 1993 bin ich von Indonesien, genauer gesagt Insel Bali aus, nach Japan gestartet. Mit einer Zwischenlandung in Jakarta in Indonesien hat der Flug 10 Stunden gedauert. Dieser Flug allein hätte 750 US Dollar gekostet aber ich hatte das Flugticket ja schon in Deutschland gekauft. Gelandet bin ich dann auf dem Narita Flughafen in Tokio. In dem dortigen Touristeninformationszentrum wurde ich großzügig mit Landkarten und Informationsmaterial über Japan versorgt. Anschließend ging es mit dem Zug in die Innenstadt Tokios. Das hat zwei Stunden gedauert. Die Zugkarten waren am Fahrkartenautomaten zu lösen. Dies war kein Problem, da die Beschriftung des Automaten auch in Englisch war.

Ich wusste, dass ich in der Innenstadt an einem großen Bahnhof umsteigen musste. Der Name war Tokiostation. Auf der Fahrt im Zug dorthin kam ich mit einem Japaner ins Gespräch. Dieser konnte perfekt Englisch sprechen und malte mir netterweise einen Plan des Bahnhofes. Er meinte, dann hätte ich es beim Umsteigen einfacher, und ich musste ihm recht geben. Denn die Tokiostation ist tatsächlich sehr groß. In mehreren Etagen fahren die Züge ein. Von hier aus kann man mit dem Zug in alle Landesteile Japans und auch überall innerhalb Tokios hinfahren. Hunderte von Zügen fahren von hier aus täglich los. Zehntausende von Menschen steigen hier in 24 Stunden ein, um oder aus. Als ich in der Tokiostation das erste Mal war, habe ich zuerst über die vielen Leute gestaunt. Alle hatten es eilig und die Menschen liefen kreuz und quer wie in einem Ameisenhaufen durcheinander. Die meisten waren gut angezogen. Das Hauptverkehrsmittel in Tokio ist meines Erachtens der Zug, beziehungsweise die U-Bahn. In der sogenannten Rush-hour ging es in der Tokiostation äußerst lebhaft zu.

Um sich alleine in Tokio zurechtzufinden, benötigt man einen Stadt- und einen Zugfahrplan. Das mit den Zügen ist dann recht einfach. Es gibt Züge die fahren nur oberirdisch und andere fahren nur unter der Erde. Manche fahren teilweise ober und unter der Erde. Dann gibt es verschiedene Zuggesellschaften. Ein Ticket kann auch für mehrere verschiedene Gesellschaften gelten oder auch nicht. Die Züge haben teilweise verschiedene Farben. An den Farben kann man erkennen, ob sie an jeder Station halten oder nur an den großen Bahnhöfen. Und Vorsicht! An kleineren Bahnhöfen gibt es manchmal zwei Gleise und die Züge fahren von dort aber nur in eine Richtung los. Zudem war manchmal der Zugfahrplan nur in Japanisch geschrieben. Also ganz einfach, oder? Zur Not habe ich Japaner gefragt, wo ich einsteigen muss.

Schaffnerinnen im Schnellzug Shinkhansen
auf dem Weg von Tokio nach Hiroschima

Die erste Nacht in Tokio habe ich in der internationalen Jugendherberge verbracht. Diese liegt sehr zentral und man hat zudem eine tolle Aussicht. Außerdem sind Jugendherbergen die billigste Möglichkeit zum Übernachten. Eine Nacht kostet dort 2.500 Yen, also ungefähr 40 DM. Willkommen in Japan! Ich habe fast immer in Jugendherbergen übernachtet. Dort habe ich in der Regel nur Japaner getroffen, oft auch welche im Rentenalter. In den Herbergen regiert allerdings die Uhr. Zum Beispiel geht der Tagesablauf folgendermaßen zu:
Wecken 6 Uhr. Baden 6 bis 7 Uhr. Frühstück 7 bis 8 Uhr.
Spätestens um 9 Uhr muss man die Jugendherberge verlassen. Geöffnet wird dann wieder um 15 Uhr. Abendessen 18 bis 19 Uhr. Baden 19 Uhr bis 21 Uhr.

Licht aus 22 Uhr. Diese Zeiten werden sehr penibel eingehalten. Wer zu spät kommt, bekommt kein Frühstück. Pech gehabt.

Wenn man eine Jugendherberge oder auch eine Privatwohnung betritt, erfolgt immer das gleiche Ritual. Kaum im Haus, muss man die Schuhe ausziehen und in ein Regal stellen. Dann erhält man Hausschuhe mit denen man überall im Hause umherlaufen kann. Bevor man die Toilette betritt, zieht man übrigens die Hausschuhe wieder aus und spezielle Toilettenschuhe an. Nachdem man auf der Toilette war, sollte man nicht vergessen die WC Schuhe aus, und die Hausschuhe wieder anzuziehen. Sonst haben die Japaner etwas zu lachen. Schon nach ein paar Tagen hatte ich mich an diese Umzieherei gewöhnt.

Am ersten Tag in Tokio habe ich die nähere Umgebung der Jugendherberge erkundet. Ich war im Kitanomaru Park und beim Yasukuni Schrein. In dem Park waren viele beim Joggen. Der Park und der Schrein befinden sich ganz in der Nähe der Nippon Budokan Halle. In dieser Halle finden öfters Konzerte statt.

An meinem zweiten Tag besuchte ich den Wakasu-Kaihin Park, dort gibt es viele Golfplätze. Und da Wochenende war, sind dort viele Familien gewesen um sich auszuruhen oder auch zu Picknicken. Danach war ich im Yumenoshima Tropische Pflanzen Dom Garten. Dort sind unter einem großem Glasbau alle möglichen tropischen Gewächse zu sehen. Im Innern dieses Gebäudes war es echt schwül.

In der Nähe dieses künstlichen Gartens gibt es ein Museum. Darin ist ein Hochseefischerboot ausgestellt. Dieses Boot ist im Jahre 1954 nichtsahnend auf der Jagd nach Thunfisch auf das Meer hinausgefahren. Die Netze wurden in der Nähe des Bikiniatolls ausgeworfen. Leider wurde dort gerade eine Versuchsatombombe von den Amerikanern gezündet. Das Fischerboot geriet unter den radioaktiven Regen (Fall-out). Keiner der Fischer hat gewusst was das ist. Nach der Rückkehr im Hafen wurden alle Fische verkauft. Diese waren natürlich alle radioaktiv verstrahlt. In den nächsten paar Monaten sind dann alle Fischer gestorben. Alle an einer Überdosis Radioaktivität.

Nachmittags bin ich dann in den „East Garden of the Imperial Palace" gegangen. Dieser Park ist mitten in Tokio und sehr groß. Ein erheblicher Teil dieses Parks ist für den Publikumsverkehr gesperrt. Der Park ist recht grün mit viel Steinen und viel Wasser. Noch später an diesem Tag bin ich in den Shinjuku-ku Distrikt. Dort stehen viele Wolkenkratzer. Es ist ein betriebsames Geschäftsviertel.

An diesem zweiten Tag in Japan habe ich leider erfahren das ich meine Jugendherberge verlassen muss, weil die Schlafplätze für die folgenden Nächte von anderen Leuten schon gebucht worden waren. Da man aus Fehlern bekanntlich lernt, habe ich sofort telefonisch für die folgende Zeit alle Übernachtungsmöglichkeiten sowie die Zugfahrten gebucht. Leider musste ich feststellen, das ich die nächsten zwei Nächte aber nicht in Jugendherbergen, sondern in Hotels schlafen musste. Das würde zirka 150 US Dollar aufwärts für eine Nacht kosten.
Als ich dies meinem japanischem Freund erzählte, hat er mich kurzerhand zwei Nächte zu sich nach Hause eingeladen. Das war erstens sehr nett und

zweitens interessant. Diesen Japaner mit dem Namen Atsuya hatte ich beim Reisen in Indonesien kennengelernt. Dort war ich mit ihm auch längere Zeit gemeinsam unterwegs. Abends ging es dann wie gesagt mit Sack und Pack zu meinem Freund nach Hause. Dazu nun ein paar Sätze.

Atsuya wohnt wie viele Japaner in Tokio nicht im eigenen Haus, sondern in einem Wohnheim, genannt Dormetory. Dieses Heim ist Eigentum seines Arbeitgebers. Darin wohnen 50 Personen, alles Geschäftskollegen von ihm. Jeder hat ein eigenes Zimmer mit 15 Quadratmetern Fläche, das ist das persönliche Wohn und Schlafzimmer in einem. Gemeinsam werden die restlichen Räume benützt. Das ist ein großes Bad, ein Saal zum Essen und Fernsehen, sowie in jedem Stockwerk Toiletten. Ein großer Kühlschrank wird auch von allen Leuten gemeinsam benützt. Alles war blitzblank sauber. Nirgendwo in den Gemeinschaftsräumen wurde irgend etwas Persönliches aufbewahrt. Das hat so ungefähr wie in einer Kaserne ausgesehen.

Nach diesem langen Tag fragte mich Atsuya: „Hast du Lust mit mir gemeinsam zu baden?" Da ich wohl etwas erstaunt geschaut hatte, erklärte er mir, das sei in Japan normal, miteinander zu baden. Dann weihte er mich in das japanische Baderitual ein. Prinzipiell tut man es nicht allein, sondern in Gruppen, mindestens zu zweit. Badeschlappen trägt man auch nicht. Das ist auch in den öffentlichen Badeanstalten so. Wir gingen also gemeinsam in den Baderaum, um uns auszuziehen. Ich mache alles Atsuya nach. Ich setzte mich auf einen Miniplastikschemel. Dann seifte ich meinen Körper komplett ein. Von meinem Schemel bin ich dabei nicht aufgestanden. Nach dem Reinigen wird die Seife mit viel Wasser abgespült. Nachdem ich mich so ganz gewaschen hatte, habe ich mich mit Atsuya gemeinsam in eine überdimensionale Badewanne gehockt. Diese war mit heißem Wasser gefüllt. In der Wanne blieben wir ziemlich lange drin sitzen. Gesprochen haben wir dabei nicht, denn man macht das, um sich zu entspannen. Ich fand es sehr angenehm, und habe daher während meines Aufenthaltes in Japan diese Art zu baden, so oft wie möglich wahrgenommen.

Tags darauf habe ich einen Tagesausflug auf den Berg Fuji unternommen. Dieser hat eine schöne gleichmäßige Form und am Gipfel lag Schnee. Ganz oben war ich nicht. Denn erstens hätte ich da längere Zeit wandern müssen. Und zweitens konnte auch der Bus nicht besonders weit hinauffahren, weil es einen Erdrutsch gegeben hat. Obwohl ich also nicht weit oben war, ist es ganz schön kalt gewesen. Zum Glück hatte ich meinen Pullover dabei.

Anschließend bin ich zu einem der Seen am Fuße des Berges. Der See hieß Kawaguchiko. Man konnte dort für umgerechnet 15 DM mit einem Motorboot hinausfahren. Da ich soviel Geld leider nicht dabei hatte, setzte ich mich eben an das Seeufer. Dort habe ich meinem Nachnamen „Paech oder Pech?!" nicht entsprochen, denn ich hatte großes Glück. Eine hübsche junge Chinesin, die ich an diesem Tag kennengelernt hatte, fragte mich: „Warum fährst du nicht mit dem Boot auf den See hinaus? Das ist toll!" Ich sagte: „Leider habe ich heute nicht so viel Geld dabei." Darauf Sie: „ Kein Problem. Ich schenke dir das Geld und lade dich hiermit ein!"

Das hat mich sehr gefreut. Anschließend hat Sie mich auch zum Essen eingeladen. Und dann ?

Abends bin ich dann wieder zurück in die Wohnung von Atsuya. Dieser hat mir gezeigt wie er manchmal den Abend verbringt.

Zuerst sind wir in ein typisches Restaurant gegangen. Dort saßen die Gäste wie Hühner auf der Stange sehr eng nebeneinander um einen großen Tisch im Kreise herum. Im Innern des Tisches stand die Bedienung. Auf dem Tisch war am Rande ein kreisförmiges Förderband. Darauf standen Teller voll mit Essen. In der Regel nur Meeresgetier, das heißt Tintenfisch, Krabben, Muscheln, Fische sowie Algen. Zum Teil war das Essen roh. Sobald sich ein Gast einen Teller mit Essen vom fahrenden Förderband genommen hatte stellte die Bedienung wieder einen vollen Teller darauf. Somit fuhr jedem Gast das komplette Menü immer an der Nase vorbei. Die Teller hatten verschiedene Farben. Auf grünen Tellern war zum Beispiel nur Tintenfisch, auf weißen nur Muscheln. Jeder Gast hat dann seine leer gegessenen Teller vor sich aufgestapelt. Beim Bezahlen hat der Wirt dann auf die Teller geschaut und gewusst was der Gast alles verspeist hatte.

Atsuya und ich hatten spätabends einen dicken Tellerstapel vor uns. Das mit dem trinken war auch interessant. Denn das Trinkgefäß stand in einem Unterteller welcher einen hohen Rand hatte. Dann füllte die Bedienung das Glas so auf bis es überläuft und relativ viel des Getränkes sich auch im Unterteller befindet. Getrunken haben wir Bier und dann Sake, das ist auch so eine Art alkoholisches Getränk, nämlich Reisschnaps. Die dicke Rechnung des ganzen Abends hat mein Freund bezahlt. Er hat sich prinzipiell immer geweigert, sich von mir einladen zu lassen.

An den darauffolgenden Tagen habe ich den Ueno Park und den Sunshine 60 Wolkenkratzer besichtigt.

Zudem war ich in dem Teil Tokios, wo es sehr viele Liebeshotels gibt. Diese Hotels sind von außen recht hübsch anzusehen. In der Regel sind sie recht farbenfroh und jedes hat seinen eigenen Baustil. In einem war ich länger drin, das war sehr interessant. Die Betten waren groß und manchmal war ein Whirlpool im Zimmer. Eine Nacht kostet 40 bis 200 US Dollar. Eine japanische junge Liebesgöttin ist bei diesem Preis aber nicht inbegriffen. Denn ein „Lovehotel" ist kein Bordell. Es ist dafür da, damit Liebespaare völlig ungestört und vor allen Dingen mit viel Platz eine Nacht miteinander verbringen können. Dieses geht hier völlig anonym, denn nirgendwo sieht man Personal. In einem kleinen Vorraum des Hotels sind Fotos der Zimmer mit Nummern angebracht. Das Paar sagt seine gewünschte Zimmernummer durch ein sehr kleines Guckloch welches in zirka 1 Meter Höhe angebracht ist. Man gibt das Geld durch das Fenster und bekommt den Schlüssel. Das Personal sieht somit nur die Hände des Gastes. Vorausgesetzt natürlich der Gast bückt sich nicht, um in das Fensterchen hineinzuschauen. Dieses habe ich allerdings neugierigerweise gemacht, denn ich hatte ja leider keine Gespielin dabei. Die Dame welche dort Dienst hatte, ist dabei ganz schön erschrocken.

Als ich dann lange genug Tokio besichtigt hatte, bin ich mit dem Schnellzug Shinkansen von Tokio nach Hiroschima gefahren. Für die 890 Kilometer hat der Zug

4 Stunden und 50 Minuten gebraucht. In Hiroschima war ich im Friedenspark und habe den Atombombendom besichtigt. Dieser Dom ist das einzige Bauwerk das man als Gedenken an den Abwurf der Bombe nicht abgerissen hat. Die Stadt Hiroschima wurde nach dem Krieg wieder komplett aufgebaut. Die heutigen älteren Bewohner sind alle von Auswärts in die Stadt gezogen. Denn im Zentrum der Stadt gab es nach dem damaligen Abwurf der Bombe keine Überlebenden mehr.

Am nächsten Tag habe ich mit meiner netten japanischen Reiseführerin einen Tagesausflug nach Mijashima gemacht. Dort habe ich unter anderem das Otorii-gate besichtigt, das ist eine imposante rote Holzkonstruktion, die im Wasser steht. In Mijashima habe ich erst festgestellt, wie schwierig es sein muss die japanische Schrift zu lesen. Denn meine Reiseleiterin hatte mir ein Horoskop gekauft, um mir meine Zukunft vorherzusagen. Auf diesem Horoskop war dann allerdings ein japanisches Schriftzeichen welches auch sie nicht lesen konnte. Lustig, was?

Anschließend bin ich mit dem Schnellzug nach Kyoto gefahren. In dieser Stadt gibt es sehr viele Tempel. Wohl ein paar Hundert an der Zahl. Besichtigt habe ich den Toji-Tempel und den Higashi-Tempel. Dieser ist der größte Holzbau der Stadt mit schönen Holzschnitzereien. Hier steht auch die höchste Pagode Japans, sie ist 56 Meter hoch und hat fünf gleich große übereinander gebaute Dächer. Zudem habe ich in Kyoto mehrere schöne Parks besichtigt. Die Parks in Japan sind mit viel Grün angelegt. Sie haben Teiche, in denen sehr große Fische schwimmen. Und es gibt oft sogenannte Steingärten, diese sind nicht zum Betreten sondern nur zum anschauen. Einer dieser Steingärten war beim Ryoanji Tempel. Der Garten wurde im Jahr 1525 entworfen. Viele Japaner sitzen hier stundenlang um diese Steine (15 Stück) anzuschauen. Egal wo man sich im Park befindet, es ist nicht möglich alle 15 Steine auf einmal in das Blickfeld zu bekommen. Das soll einem die Unvollkommenheit des menschlichen Geistes einem vor Augen führen. Das heißt, man weiß wieviel Steine da sind, aber man sieht trotzdem nie alle auf einmal.

Der Ninnahi Tempel, beziehungsweise Park war auch recht schön und groß. Beim Herumschlendern in diesem Park haben mich Schulkinder entdeckt. Nach 20 Minuten langem Beäugen von mir und Nachlaufen hat mich endlich das mutigste Kind auf Englisch angesprochen.
„Wo kommst Du her?"   „Wie heißt Du?"
„Wie gefällt Dir Japan?" „Wie lange bist Du schon im Lande?" und so weiter und so weiter. Dann wurde ein Fragebogen mit noch ein paar Fragen gezückt. Nachdem ich alles beantwortet hatte; meine Antworten wurden übrigens auch notiert, durfte ich auch noch das Papier unterschreiben. Kaum hatte ich dem ersten Kind den Fragebogen zurückgegeben, haben die anderen aus der Gruppe mir auch ihre noch leeren Bögen hingehalten.
Da war ich ganz schön beschäftigt. Ich nehme an, das die Kinder das Befragen von Touristen für die Schule, wohl für den Englischunterricht machen sollten.

In der Regel sind die Japaner sehr zurückhaltend. In Restaurants oder im Zug haben mich oft die Leute richtiggehend beobachtet. Angesprochen wurde ich nie spontan, sondern in der Regel erst nach sehr langem Begutachten meiner Person.

Wenn ich jemand ansprach, war das auch eigenartig. Die meisten haben zuerst so gemacht als würden sie kein Englisch verstehen. Frauen zum Beispiel waren oft ganz besonders verlegen. In der Regel haben sie zuerst mal herumgekichert und dabei eine Hand ganz verschämt vor das Gesicht gehalten. Erst wenn ich dann ganz langsam ein bißchen von mir und meiner Heimat erzählt hatte, begannen sie auch zu reden. Ihr Englisch ist aber oft schlecht zu verstehen gewesen. Einmal haben mich zwei Schulmädchen angesprochen und etwas zu mir wie ich meinte in Japanisch gesagt. Nachdem sie den gleichen Satz Dutzende Mal wiederholt hatten, habe ich endlich verstanden. Sie sagten auf Englisch: „Willkommen in Japan!"

An meinem letzten Abend in Kyoto ging ich dann in ein öffentliches Bad. Das Baderitual dort war das gleiche wie in den Jugendherbergen und wie bei meinem Freund in Tokio. Allerdings hatte das öffentliche Bad mehrere Wasserbecken. Eines mit heißem und ein anderes mit kaltem Wasser. Zudem war ein Pool mit gelbem Limonenwasser gefüllt, dieses soll gut für die Haut sein. Ein Wasserbecken sah ganz harmlos aus. In diesem bekam man allerdings schwache elektrische Schläge. Daher war ich dort nur kurz drin. Überall wo ich baden war, sind die Männer und Frauen getrennt gewesen. Und immer waren alle nackt und barfuß.

Von Kyoto aus bin ich dann wieder mit dem Shinkansen Zug zurück nach Tokio. Dort habe ich mich noch mal mit meinem Freund getroffen, um das letzte mal japanisch Abend zu essen. Es gab Sushi, das ist roher Fisch auf Reis und außerdem Algen. Das schmeckte für mich ganz außergewöhnlich. Am nächsten Tag bin ich dann mit der Fluggesellschaft Cathay Pacific nach Hongkong geflogen. Tschüß Japan!

Zusammenfassend möchte ich folgendes vermerken.
Das Land war in vielem unterschiedlich zu den anderen asiatischen Ländern, die ich bereist habe. Die Japaner sind fleißig und zurückhaltend gegenüber Fremden.
Das Wichtigste für viele ist die Arbeit. Deshalb gibt es wahrscheinlich auch in Tokio so viele junge Singles. Sehr schön und gepflegt waren die Parks. Weil sie auch immer so viel innere Ruhe ausgestrahlt haben.

# Kapitel IV Hongkong

Am 22. Juni 1993 bin ich von Tokio aus mit der Fluggesellschaft Cathay Pacific nach Hongkong geflogen. Für die Entfernung von 2.937 Kilometern hat das Flugzeug 3 Stunden und 48 Minuten gebraucht. An Bord ging es sehr nobel zu, das heißt Auswahl von verschiedenen Weinen und sehr gutes Essen. Sogar das Essbesteck hatte ein schönes Design.

Der Landeanflug war außergewöhnlich, da sich in der Einflugschneise Häuser befinden. Ich hatte fast den Eindruck wir landen auf einem der Gebäude. Mittlerweile hat dieser alte Flughafen ausgedient und es gibt einen neuen Flughafen, der auf einer künstlichen Insel vor Hongkong im Meer gebaut wurde.

Hongkong besteht aus mehreren Inseln. Zu den meisten verkehren regelmäßig Fährschiffe hin. Bei schlechtem Wetter fährt allerdings kein Boot mehr, das ist mir auch einmal passiert. Zwischen Kowloon und Hongkong-Island gibt es sogar einen Tunnel unter dem Meer. Darin befindet sich eine Straße und eine U-Bahn. Das U-Bahnnetz ist sehr gut ausgebaut. Von dem Bezirk Tsim-Sha-Tsui bin ich abends oft am Hafen entlang in Richtung Flugplatz gelaufen. Dort hatte ich einen guten Blick nach Central Hongkong, das ist auf der anderen Seite der Meerenge. Außerdem konnte ich hier Schiffe gut beobachten. Abends kamen auch immer viele Hongkong-Chinesen hierher.

In der Stadt habe ich mehrmals mein Hotel gewechselt. Die meiste Zeit war ich in dem berühmt-berüchtigten „Chungking Mansions." Das ist ein altes Hochhaus mit vielen Hinterhöfen im Bezirk Tsim-Sha-Tsui. Dort war es schmutzig aber für Hongkong-Verhältnisse billig. Eine Nacht hat mich dort knapp 10 DM gekostet. Allerdings war es ziemlich gefährlich dort. Während meines Aufenthaltes wurde ein Geschäftsmann in diesem Hotel ermordet und ein getötetes Baby gefunden. Außerdem soll es dort öfters Brände geben. Tagsüber habe ich mich nie in den „Chungking Mansions" aufgehalten, denn da war ich immer unterwegs. Nur zum Duschen und Schlafen bin ich zurückgekehrt.

Im Folgenden beschreibe ich meine Tagesausflüge, beziehungsweise was ich so besichtigt habe. Mehrmal war ich auf der Hongkong Insel, genannt Central. Dort ist das Finanzzentrum und viele Wolkenkratzer. Es gibt einen kleinen Berg, der Victoria Peak heißt. Um auf den Peak hinaufzukommen, habe ich eine spezielle Bahn benützt, die steil aufwärts dorthin fährt. Von dem Victoria Peak aus war die Aussicht sehr gut. Es hat sich gelohnt zweimal hierher zu kommen, einmal tagsüber und einmal nachts. Auf der Rückfahrt zu meinem Hotel habe ich einen Doppeldeckercabriobus benützt. Natürlich bin ich oben gesessen, dort war es zwar zugig, aber ich konnte die Umgebung gut beobachten.

Die Hongkong Insel (Central) bietet auch andere Attraktionen, wie zum Beispiel den Hafen von Aberdeen, dort sind viele Wohnboote zu sehen. Die allermeisten Einheimischen wohnen allerdings in Wolkenkratzern.

Ich hatte das Glück während meines Aufenthaltes in Hongkong ein Drachenbootfestival zu besuchen. Es handelt sich hierbei um ein Bootsrennen. Viele Männer rudern in schönen farbenfrohen Booten um die Wette. Jeweils zwei Mannschaften treten gegeneinander an. In einem Boot sitzen jeweils 20 kräftige Ruderer. Auf einer

200 Meter langen Strecke wird ermittelt welche Mannschaft schneller ist. Die Sieger kommen dann in die nächste Ausscheidung.

Eine der interessantesten Gebäude in „Central" ist die Bank von China. Dieses Hochhaus ist dreieckig mit einer sehr außergewöhnlichen eckigen Spitze. Viele andere Wolkenkratzer haben ein futuristisches Design, zum Teil mit verschobenen Büroetagen.

Bezirk Kowloon, Tsim Sha Tsui, Nathanstraße

In der Stadt arbeiten übrigens viele Frauen von den Philippinen. Diese treffen sich nach Feierabend an bestimmten Plätzen. Dort sitzen dann hunderte Damen herum, um zu plaudern oder um Eis zu essen. Eine hatte ich etwas näher kennenge-lernt. Sie hat mir erzählt, dass sie auf den Philippinen studiert hat. Aber ihre Arbeit in Hongkong ist nur die eines Hausmädchen. Dabei verdient sie zirka fünfmal so viel wie in ihrem erlernten Beruf in ihrer Heimat. Sie ist kein Einzelfall. Fast alle philippini-schen Hausmädchen haben studiert und sprechen fließend Englisch. Sie nehmen diese Arbeit nur an, weil sie so gut bezahlt ist.

Einen Tagesausflug habe ich auf die Insel Lamma unternommen. Die Fähre dorthin hat zwei Stunden gebraucht. Von dem Hafen Sok Kwu Wan bin ich quer über die Insel nach Yung Shue Wan gelaufen. Es war dort sehr ruhig und es gab fast kei-ne Autos. Zudem fand ich das hier sehr viele alte Leute wohnten.

Ein anderer Tag führte mich nach Lantau. Diese ist die größte Insel. Die Fähre habe ich an der Silberminenbucht verlassen. Von dort aus bin ich mit dem Bus nach Ngong Ping. Da ist das Po-Lin Kloster und ein großer sitzender Bronzebuddha. Lei-der war das Wetter an diesem Tage etwas neblig und so konnte ich keine guten Fo-tos machen. Auf der Insel sind wenig Häuser. Bevor ich mit der Fähre wieder zurück bin, habe ich den Hafenort Mui Wo abgelaufen. Dort waren viele Tagesausflügler unterwegs.

Gut von den Inseln haben mir die zwei kleinen Inseln, nämlich Cheung Chau und Peung Chau gefallen. Cheung Chau ist 12 Kilometer von Hongkong Zentral ent-fernt. Auf der Insel gibt es viele alte zweistöckige Häuser und Fischrestaurants. In diesen kann man die komplette Speisekarte wie zum Beispiel Muränen , Krebse, Muscheln, Fische usw. lebend im Aquarium anschauen. Nachdem man bestellt hat, wird das gewünschte Tier getötet und zubereitet.

Peung Chau war die kleinste und ruhigste Insel, die ich besucht habe. Mitten auf der Insel war ein kleiner Berg und von dort oben aus war die Aussicht recht gut. Ich nehme an, dass auf Peung Chau nur ein paar hundert Leute wohnen. Interessant habe ich es auch gefunden, in die „New Territories" zu fahren. Das ist das ländliche Gebiet zwischen Hongkong Central und China. Ich bin bis Sai Kung mit dem Bus gefahren. Dort habe ich den Hafen und Park abgelaufen. Im Hafen waren viele alte Holzboote. Zudem gab es auch wieder einige Fischrestaurants. Da habe ich mir die ganzen Aquarien angeschaut.
In den „New Territories" befindet sich auch der 10.000-Buddha-Figuren-Tempel, dies ist das Lebenswerk eines Mönches. Jede der Buddhafiguren hat eine andere Haltung.
In Hongkong hatte ich ein schönes Erlebnis mit dem dortigen Hauptpostamt. Immer wieder habe ich mir von zu Hause Post an bestimmte Adressen schicken lassen. So auch nach Hongkong. Leider habe ich als Adresse in Hongkong die „Chungking Mansions" angegeben. In dem Haus befinden sich aber Dutzende Gästehäuser und Hunderte von Gästen, so konnte wohl die Post nicht an mich zugestellt werden. Ich bin dann zum Hauptpostamt gelaufen und habe dem Postmann das dort erklärt. Der Postmann versicherte mir, er werde in Zukunft meine Briefe extra für mich aufbewah-ren. Ich habe da so meine Zweifel gehabt, ob er sich wirklich die Mühe machen wird. Aber schon ein paar Tage später wurde ich eines Besseren belehrt.

Denn der Postmann gab mir tatsächlich Briefe aus meiner Heimat. Da war ich echt erstaunt und erfreut.

Übrigens, die Baugerüste für die Hochhäuser in Hongkong waren nicht aus Stahl sondern aus Bambus gemacht. Irgendwie sah das schon recht wackelig aus, aber es ist wohl stabil genug. Insgesamt gesehen sind die Stadtteile außerhalb des Zentrums recht verdreckt. Nachts habe ich vor allem in den Seitenstraßen viele Ratten gesehen. Als Souvenir habe ich mir eine japanische Designerbrille gekauft, die wohl eine Fälschung ist. Das ist mir aber egal, denn die Hauptsache ist, sie gefällt mir. Insgesamt habe ich wohl so 800 US Dollar ausgegeben. Darin ist auch die Brille enthalten.

Die Stadt Hongkong hat mich fasziniert. Ich hätte sogar noch länger bleiben können, um noch mehr zu besichtigen. Sehr interessant fand ich die vielen Kontraste. Auf der einen Seite der Finanzdistrikt Zentral mit den unterschiedlichen architektonisch modernen Wolkenkratzern. Dann die ruhigen kaum bevölkerten Inseln wie zum Beispiel Peung Chau.
In den „New Territories" nahe China war wieder alles etwas mehr ländlich und bei weitem nicht so hektisch wie in der Innenstadt Hongkongs. Am 6. Juli 1993, also so nach zwei Wochen Aufenthalt bin ich von Hongkong aus nach Indonesien geflogen, um dort meine Reise fortzusetzen.


## Kapitel V Macau


Ich war in Macau, das übrigens noch eine portugiesische Kronkolonie ist am 26 Juni 1993 für diesen einen Tag nur. Macau ist eine kleine Halbinsel mit nur 16 Quadratkilometern Fläche. Genauer gesagt besteht sie allerdings aus drei Inseln, nämlich Macau, Taipa und Coloane.
Die Inseln sind mit einer Brücke verbunden. Im Jahre 1999 wurde Macau von Portugal an China zurückgegeben, zwei Jahre nach Hongkong.

In Macau gibt es viele Spielkasinos und die Hongkongchinesen kommen hierher, um diesen Hobby nachzugehen. Die Währung in Macau ist der Pataca, aber überall war es möglich mit meinen Hongkong Dollars zu bezahlen, da der Kurs fast gleich ist. Von Hongkong aus war ich mit einem Tragflächenboot nach Macau 1,5 Stunden unterwegs. Die Strecke ist 74 Kilometer und der Spaß hat knapp 20 US Dollar gekostet. Es gibt auf der Insel viele zweistöckige Häuser und natürlich, da der Platz begrenzt ist, Wohnsilos. Nicht in guter Erinnerung habe ich den A-MA Tempel, denn dort waren die Wasserschildkröten in viel zu kleinen Tontrögen eingesperrt.

Interessant zu besichtigen ist das Wahrzeichen Macaus, die Kathedrale Sao Paulo, oder besser gesagt das was von ihr übriggeblieben ist. Denn die Kathedrale ist eine Ruine, von der nur noch die Vorderfront steht.
Bestaunenswert fand ich den Lou Lim Jeoc Garten. Dieser Park hat viele große Bäume, mehrere Teiche und schön verschlungene Wege zum spazieren gehen.

## Kapitel V  Macau

Diese Wege führen immer wieder in Brücken über Wasser, so dass man gut die Fische, Enten und Wasserschildkröten beobachten kann. Alles in allem hat es sich gelohnt, diesen Tagesausflug zu machen. Und von Hongkong aus ist das nur ein Katzensprung.


## Kapitel VI  China

In China war ich nur sehr kurz, nämlich vom 28. bis zum 29. Juni 1993.
Um das Land bereisen zu dürfen, musste ich ein Visa beantragen. Als ich dieses hatte, bin ich von Hongkong aus mit dem Kowloon-Canton-Zug nach Lo-Wu gefahren, das ist die letzte Hongkongstation vor der Grenze nach China. Beim Grenzübertritt hatte ich gleich Geld gewechselt. Da ich Tourist war, bekam ich eine spezielle Touristenwährung, genannt FEC (Foreign Exchange Currency) Dieses Geld sieht wie Spielgeld aus.
Für einen US Dollar bekam ich 5,7 FEC gekriegt. Die Währung der Chinesen dagegen heißt RMB, (Renmibi) dieses Geld habe ich nur auf dem Schwarzmarkt oder als Wechselgeld erhalten. Touristen können dieses Geld offiziell nirgendwo bekommen. Für einen US Dollar bekam ich 8,5 RMB und für einen FEC 1,7 RMB. Alles klar? Warum gibt es nun diese zwei Währungen? Wenn ich zum Beispiel ein Zugticket kaufen will, oder eine Hotelrechnung bezahle, geht das in der Regel nur mit FEC. Das heißt, ich bezahle mehr wie die Einheimischen, da die Touristenwährung einen schlechteren Kurs hat. Ein paar Monate nach China habe ich Burma bereist, da gab es ein ähnliches Geldsystem.
Die erste Stadt in China, in der ich war, hieß Shenzen. Zwischen Shenzen und dem Rest von China besteht eine Grenze, denn die Leute hier sind reicher als die Chinesen auf dem Lande. Und die Regierung will nicht, das die Landbevölkerung nach Shenzen geht. Von diesem Ort aus bin ich mit dem Zug dann weiter nach Canton und dort in den Bezirk Shamian. Dort habe ich in einem Hotel übernachtet. Das Personal war ein wenig unfreundlich. Die haben allen ankommenden Touristen erklärt, dass nur noch ein Zimmer frei ist, was gar nicht stimmte. Dieses Zimmer war das teuerste und sollte daher wohl zuerst belegt werden. Die billigsten, das heißt die Mehrbettzimmer ohne Klimaanlage, wurden einfach nicht vermietet, bevor nicht alle teureren Zimmer voll waren.
Die ganzen zwei Tage in China hat es ununterbrochen geregnet. Zudem konnte ich mich nur schlecht verständigen, da die meisten kein Englisch reden konnten.
Von Canton aus bin ich daher mit dem Flugzeug zurück nach Hongkong geflogen, dabei habe ich viele überschwemmte Gebiete gesehen.
Alles in allem war der Kurztrip den ich gemacht hatte interessant, denn das Land China ist trotzdem anders als Hongkong.
Ich bewundere die Rucksacktouristen, die alleine wochenlang China bereisen. Denn ich denke, ohne chinesische Sprachkenntnisse ist dies nicht möglich.

# Kapitel VII Myanmar

Seit 1852 war dieses Land eine britische Kronkolonie. Mittlerweile hat eine Militärregierung die Regierungsgewalt übernommen. Myanmar ist ein wenig entwickeltes Agrarland. Nennenswerte Industrieansiedlungen gibt es so gut wie keine. Es wird zum Beispiel viel Teakholz exportiert. Die Infrastruktur ist nicht gut ausgebaut. Es gibt aber noch ein von den Briten ausgebautes Schienennetz.

In Myanmar, welches früher Burma hieß, bin ich vom 6. bis 20. September 1993 gewesen. Für das Land erhält man leider nur ein 14 Tage Visum, das meiner Erachtens viel zu kurz für ein so interessantes Land ist. Dieser Trip hat mich 250 US Dollar gekostet.

Der Flug von Thailand nach Burma und zurück inklusive Visa hat noch mal 218 US Dollar gekostet. Das Land habe ich gemeinsam mit zwei Studenten bereist.

Die Reiseroute in Burma verlief folgendermaßen:

Rangoon, Thazi, Yaungwhe, Shwenyaung, Heho, Inle-See, Ywama wieder Yaungwhe, Mandalay, Ayeyarwady-Fluß, Bagan. Berg Popa wieder Thazi, Rangoon, Bago und nochmals Rangoon. Burma gehört zu den zehn ärmsten Ländern der Welt, aber die Leute machen alle einen glücklichen Eindruck. Der Monatsnettoverdienst beträgt 1000 bis 1.500 Kyat das sind ungefähr 10 bis 15 US Dollar.

In den ländlichen Gegenden gibt es auf den Straßen mehr Ochsenkarren als Autos und diese fahren übrigens auf der rechten Seite genauso wie in Deutschland. Normalerweise fahren die Autos in den asiatischen Ländern links, das war auch in Burma früher mal so, als es noch von den Engländern besetzt war. Sobald dann aber die Briten abgezogen waren, haben die Burmesen gesagt: Alles was uns an die Engländer erinnert, wird rigoros abgeschafft. Das heißt alle Städte erhielten neue Namen, und man fährt nicht mehr links sondern rechts. Basta! Außerdem heißt das Land nun nicht mehr Burma, sondern wie schon erwähnt Myanmar.

Das Reisen in Burma unterscheidet sich grundlegend von dem Reisen in anderen Ländern, denn es gibt eine staatliche Reiseorganisation genannt MTT(Myanmar Tours and Travel). Alle Hotels, wo man übernachten muss, sind MTT-Hotels mit dementsprechenden Preisen, nämlich 8 bis 15 US Dollar pro Nase. Jedes Hotel registriert jeden Gast genau und lässt sich den Reisepaß zeigen, um die Nummer des Passes und die Nummer des Visums aufzuschreiben. Es ist verboten in „Nicht-MTT-Hotels" zu übernachten, die aber sehr viel billiger wären.

Zudem darf man leider viele Gebiete Burmas, wie zum Beispiel alles nördlich von Mandalay und den südlichen Landesteil nicht bereisen. Sogar auf dem Inle-See gibt es eine unsichtbare Grenze im Südteil des Sees, die nicht überschritten werden darf.

Nach der Landung in Rangoon muss jeder Tourist noch am Flughafen 200 US Dollar in eine spezielle Währung umtauschen, genannt FEC. (Foreign Exchange Currency) Das heißt soviel wie „Geld nur für die Ausländer" Das hat mich dann sofort an China erinnert, denn da war es genauso. Diese FEC-Geld ist nur für Touristen erschaffen worden. Nur mit diesem Geld kann ein Tourist normalerweise Zugfahrkarten und Fährboottickets kaufen sowie Hotelrechnungen bezahlen.

Die Einheimischenwährung dagegen ist der Kyat. Übrigens, eine Besonderheit in

Burma mit dem Geld ist, dass es keine Geldstücke gibt, sondern nur Geldscheine. Die Geldscheine gibt es in Stückelungen von 5, 9, 10, 15, 45, 90 und 200. Diese ungeraden Geldscheine sind gedruckt worden nur weil ein General von Burma glaubt, dass dies seine persönlichen Glückszahlen sind. Rechnungen mit diesen ungeraden Scheinen zu bezahlen, ist aber nicht gerade ein Vergnügen, denn wer weiß schon auf Anhieb wieviel Geld er als Wechselgeld zurückbekommt, wenn zum Beispiel eine Rechnung über 165 Kyat mit 45 Kyatscheinen bezahlt wird?

Offiziell kann ein Tourist auf der Bank auch Kyat bekommen, und zwar für 1 US Dollar 6,6 Kyat. Auf dem Schwarzmarkt dagegen bekommt man einen deutlich besseren Kurs, nämlich 1 US Dollar = 115 Kyat, das ist fast das 20-fache. Ich habe daher nur auf dem Schwarzmarkt getauscht. Falls ich dabei erwischt worden wäre, wäre ich straffrei ausgegangen und der Burmese hätte dafür drei Jahre Gefängnis gekriegt. Nun fragt man sich warum gibt es diese zwei Währungen? Ganz einfach! Zum Beispiel hat die Zugfahrt für mich als Tourist von Rangoon nach Thazi 27 FEC gekostet, das sind also 27 US Dollar. Ein Einheimischer zahlt für das gleiche Ticket 180 Kyat, das sind also 1,5 US Dollar. Der Tourist zahlt also in der Regel für Zug, Hotel und Fährboote das 20 bis 25-fache wie der Burmese. Dieses Mehrgeld, das der Reisende bezahlt geht leider an die Militärregierung, denn man muss bei der Einreise am Flughafen 200 US Dollar in FEC umtauschen. Die FEC sind natürlich außerhalb Burmas wertlos und die US Dollar welche der Staat Burma erhält sind eine harte international sichere Währung.

Mit Kyat bezahlen kann ein Tourist in der Regel nur außerhalb der großen Hotels in Straßenrestaurants und auf Märkten. Dort kostet zum Beispiel 1 Suppe 20 Kyat, 1 Brot 20 Kyat, 1 Wasserflasche 20 Kyat und eine gute Mahlzeit mit Fleisch, Reis und sonstigen Zulagen 40 bis 120 Kyat. Und hier nochmals zur Erinnerung, am Schwarzmarkt war 1 US Dollar 115 Kyat.

Die erste Stadt, in der ich in Burma war, hieß wie gesagt Rangoon. Die Stadt ist erstaunlich sauber mit breiten Gehwegen und gut asphaltierten Straßen. Links und rechts neben den Straßen waren oft Bäume gepflanzt und alles in allem machte die Stadt einen gepflegten Eindruck.

Noch am Tag der Landung bin ich mit dem Zug in zwölf Stunden von Rangoon nach Thazi gefahren. Unterwegs stoppte der Zug an mehreren Bahnhöfen. Dort verkaufen Frauen und Kinder an die Reisenden durch die offenen Zugfenster Essen und Trinken. Die Waggons, allerdings nur die Waggons auf dieser Fahrt waren innen sehr komfortabel. Es gab gepolsterte Liegesitze und die Waggonfenster bestanden aus zwei Teilen, innen Glas und außen Metall zum abdunkeln. Die Gleise dagegen waren schlecht verlegt, denn beim Fahren sind die Waggons so hin und her gehopst, dass es nur unter Lebensgefahr möglich gewesen wäre, von einem Waggon in den nächsten zu gehen. Morgens bin ich dann etwas gerädert in Thazi angekommen. Von dort ging es dann mit dem Bus weiter nach Yaungwhe, die Fahrt dauerte sieben Stunden und führte über einen schönen Pass. Der Bus war total mit Leuten und Gepäck überfüllt.

Am nächsten Tag ging es dann mit dem Bus von Yaungwhe nach Shenyaung, das heißt eigentlich wollte ich mit dem Bus von Yaungwhe nach Shenyaung, aber unterwegs machte es während der Fahrt plötzlich „knacks" und wir fuhren beziehungsweise rutschten nur noch auf drei Rädern weiter. Das hintere linke Rad mit Felge hat sich während der Fahrt gelöst.

Zum Glück war der Busfahrer ein Profi, der sein Handwerk verstand und der Bus geriet nicht von der Fahrbahn ab. Somit wurde auch niemand verletzt. Alle stiegen aus und haben dumm geguckt. Keiner hat geschimpft und der Busfahrer zusammen mit ein paar Businsassen haben sofort begonnen, den Schaden zu reparieren. Da ich nicht gewusst habe, wie lange das dauert, ging es eben mit einer Pferdekutsche weiter nach Shenyaung.

In diesem Ort war ein Gemüsemarkt. Nachdem ich diesen Markt lange genug angeschaut hatte, ging es mit dem Bus weiter nach Heho. In Heho war auch Markttag, allerdings gab es da nicht nur Gemüse und Früchte, sondern auch Vieh zu kaufen wie zum Beispiel Wasserbüffel. Wenn man als Europäer über so einen Markt läuft, wird man dauernd von Dutzenden von Leuten angeschaut, denn die Touristen in Burma sind doch noch rar gesät.

Am nächsten Tag unternahm ich einen Ausflug auf den Inle-See, dieser See ist 120 Kilometer lang und teilweise sehr schmal. Die Tiefe beträgt nur 4 Meter und das Wasser ist warm und klar. Es gibt sehr viele Wasserpflanzen. Der See ist bekannt für seine sogenannten Fußruderer, das ist eine besondere Art des Ruderns. Der Fischer steht mit einem Fuß auf dem Boot, er hält das Ruder mit der Hand und umschlingt das Ruder zudem mit dem anderen Bein. Dann wird das Ruder quasi mit der Muskelkraft des Fußes fortbewegt. Es ist schon verwunderlich, was für einen guten Gleichgewichtssinn der Fischersmann haben muss, damit er nicht ins Wasser fällt.

Am Ufer des Inle-Sees bei dem Ort Ywama gab es einen sogenannten schwimmender Markt. Der heißt so, weil der Verkäufer sein Boot mit Ananas vollgeladen hat. Er verkauft die Ware von seinem Boot aus direkt in das Boot des Käufers. Jeder Käufer und Verkäufer bewegt sich dann langsam rudernd mit seinem Boot dauernd auf dem Markt hin und her. Das war malerisch exotisch anzusehen. In dem Ort Ywama gibt es nur Wasserstraßen und die Häuser stehen meistens auf hohen Holzstelzen im Wasser.

Der MTT-Führer hat mir auf Deutsch erklärt, dass sich auf dem Inle-See die sogenannten schwimmenden Gärten befinden. Ich habe mir gedacht, dass seine deutschen Sprachkenntnisse nicht so gut sind, denn die Gärten, die ich gesehen habe, befanden sich auf kleinen Inseln, und eine Insel schwimmt bekanntlich nicht. Dann allerdings hat mir der Reiseleiter erlaubt, so eine Insel zu betreten und ich war erstaunt! Denn die vermeintliche Insel schwimmt tatsächlich! Das funktioniert folgendermaßen: Auf dem See befinden sich besonders tragfähige Schwimmpflanzen. Unter diese Schwimmpflanzen werden Holzstämme gebunden. Diese werden zu einer Breite von 50 Zentimeter und zu einer unbegrenzten Länge zusammengebunden. Diese zusammengebundenen Schwimmpflanzenwege sind so stabil das mehrere Erwachsene nebeneinander stehen können, ohne nasse Füße zu bekommen. Beim Laufen auf diesen Pfaden merkt man deutlich, wie sich durch das Gewicht der Pfad bewegt. Auf diesen schwimmenden Gärten werden dann hauptsächlich Tomaten angepflanzt.

Anschließend ging die Reise per Bus etwa 12 Stunden weiter von Yaungwhe nach Mandalay, das sind ungefähr 200 Kilometer auf miserablen Straßen. In Mandalay haben wir dann das Spiel gespielt „Reise nach Mandalay". Nein, stimmt nicht, war nur Spaß. Aber wer kennt dieses Spiel eigentlich nicht!?

In Mandalay habe ich dann einige alte Pagoden besichtigt. Die schönste war die Mahamuni-Pagode. Im Innern dieses Tempels sitzt eine Buddhafigur, die so dick mit Goldplättchen von Gläubigen gepflastert wurde, dass die Konturen der Beine der Figur schon nicht mehr zu erkennen sind. Der Ursprung dieses Tempels ist über 2.500 Jahre alt.

Von dem Mandalayberg aus hat man eine gute Aussicht über die Stadt und die Umgebung. Von dort oben aus erkennt man auch erst richtig die Größe des sogenannten Königspalastes. Der Palast ist von einer quadratischen Mauer umgeben mit einer Seitenlänge von jeweils 1,8 Kilometer. Im Innern der Mauern befinden sich allerdings fast nur Bäume und kaum Gebäude.

In Mandalay kann man auch Wasserbüffel beim Arbeiten sehen. Diese kräftigen Tiere ziehen Baumstämme aus dem Wasser an Land, wo sie dann auf Lastwagen verladen werden.

Folgende lustige Geschichte fällt mir gerade ein, wenn ich an Mandalay denke. Eines Tages nach dem Duschen hatte ich zur Feier des Tages meine neu erworbenen burmesischen Kleidungsstücke angezogen. Nämlich ein Hemd und ein Paar Schuhe. Ich verließ das Hotel, um mich mit einem Reiseführer zu treffen. Kaum sah mich der, sowie gerade vorbeikommende Passanten an, da fingen alle an zu lachen. Ich weiß nicht warum. Nachdem die ersten sich lange genug über mich amüsiert hatten wird mir erklärt, dass ich schlicht und einfach Damenschuhe anhatte. Mein Reiseleiter hat sich dann geweigert, sich mit mir in diesen Schuhen sehen zu lassen. Für mich als Europäer waren dies aber trotzdem ganz normale Schuhe. In Burma wohl doch nicht. Ich habe dann wieder meine alten Schuhe angezogen.

Abends ging es dann an die Bootsanlagestelle von Mandalay an dem Ayeyarwady-Fluß. Nachdem das Gepäck auf der Fähre verstaut war und ein paar Quadratmeter Holzplankenboden zum Schlafen reserviert waren, meldete sich der Hunger und Durst, der auch gestillt werden sollte. Nach längerem Herumlaufen in Mandalay war leider festzustellen, dass alle Restaurants schon geschlossen hatten. Was tun? Nun ja, ich beschloß bei einem schon geschlossenen Restaurant anzuklopfen. Nach ein paar Minuten öffnete ein verschlafenes Gesicht die Tür. Ich erklärte, dass ich hungrig bin. Natürlich ließ man mich herein und bat mich zu Tisch. Anschließend wurde noch etwas gekocht. Die ganze Gastwirtsfamilie gesellte sich zu mir an den Tisch und alle waren erfreut einen Ausländer zu sehen. Die Burmesenfamilie war sehr aufgeschlossen und ich zeigte Bilder von Deutschland und von den anderen

Ländern, in denen ich schon war. Nach ca. einer Stunde; es war schon sehr spät, verabschiedete ich mich von der überaus freundlichen Gastwirtsfamilie. Alle begleiteten mich noch zur Tür und winkten mir zum Abschied zu. Vollgetrunken und sattgegessen ging ich dann zurück auf das Boot, um zu übernachten.

Ort Ywama, Floating Market

Auf dem Schiff hatte ich mit einer Burmesenfamilie ein schönes Erlebnis.

Da bei Einbruch der Nacht die Moskitos kommen und das unangenehm ist, hatte ich eine gute Idee, nämlich mein schönes Moskitonetz aufzuspannen. Gedacht, getan. Ich holte mein Netz aus dem Rucksack und begann auf dem Bootsdeck, wo schon viele Leute auf dem Boden schliefen herumzulaufen, um das Netz zu befestigen. Bei diesem Vorgang im Dunkeln tappte ich versehentlich auf eine Burmesin, was mir natürlich peinlich war. Nachdem das Moskitonetz gut vertäut war und ich mich darunter zum schlafen begab musste ich feststellen, dass der Boden hier recht unangenehm müffelte. Also was tun? Schlafplatz um ungefähr einen Meter verlegen, natürlich mit Moskitonetz. Diesmal ging Andi los, mein Freund mit dem ich Burma bereist habe. Er lief so im Dunkeln umher, und plötzlich ein Schrei. Aha, er war also auch auf die Burmesin draufgetreten. Er entschuldigte sich logischerweise so wie ich es auch getan hatte. Dann löste Andi mein Moskitonetz und dabei versehentlich zu allem Unglück auch noch das Netz unter der die schon zweimal getretene Burmesin samt Familie schlief. Die Burmesenfamilie wurde unter dem Moskitonetz begraben, Andi entschuldigte sich vielmals und hing das Netz wieder auf.

Am nächsten Morgen (oh Wunder!) lud uns die von uns so malträtierte Familie zum Tee trinken ein. Die ganze Familie saß am Boden. Andi und ich gesellten uns dazu. Eine schöne große mit heißem Tee gefüllte Thermoskanne wurde vor uns plaziert, was leider ein Fehler war. Denn schwuppdiwupp, keiner wusste wie es genau geschah, einer von uns beiden Touristentrampeln hatte die Kanne umgeschmissen. Der heiße Tee lief uns über Füße und Hände und anschließend über das Bootsdeck in den Fluss. Bevor wir uns vor Schreck entschuldigen konnten, hatte sich die Burmesenfamilie bei uns entschuldigt. (Wahrscheinlich weil der Tee zu heiß für unsere Haut war?) Da der Tee nun aus war, wurden wir eben zum Bananen essen eingeladen. Nach diesem Frühstück wurden wir zwei noch von einem hübschen Mädchen der Familie mit Sandelholz, das ist gut gegen die Hitze eingerieben. Ist dieses Erlebnis nicht unglaublich? Bevor wir mit dem Boot dann nach zwölf Stunden Fahrt in Bagan ankamen, tauschten wir noch die Adressen aus.

In der Stadt Bagan bin ich dann mehrere Tage geblieben. Die Stadt und die Umgebung war ein weiterer Höhepunkt der Reise. Denn hier gibt es auf ein paar Quadratkilometern mehr als 5000 Tempel und Pagoden, das ist doch sagenhaft! Mehrere dieser Tempel kann man besteigen und die atemberaubende Aussicht genießen. Wohin man auch blickt, immer das Gleiche, ein Tempel reiht sich an den nächsten. Zwischendrin sind Felder und im Hintergrund sieht man die Berge sowie den malerischen Ayeyarwady-Fluss. Auch gibt es sehr unterschiedliche Bauwerke. Denn manche haben Buddhastatuen innen drin und andere sind innen bemalt. Wieder andere haben aus Stein geschlagene Bilder und es gibt auch Tempel in verschiedenen Farben mit unterschiedlichen Baumaterialien.

Nicht zu vergessen ist auch, dass sich diese Bauten in mehreren Jahrhunderten in Bagan angesammelt haben und dass es enorme Größenunterschiede der Tempel und Pagoden gibt. Nur ein paar Tempel habe ich besucht, die schönsten davon waren Ananda, Thatbyinnyu, Mingalazedi, Gawdawpalin und Shwesandaw.

Nach der Tempelstadt Bagan ging es per Taxi zum Berg Popa. Auf dem Berg Popa befindet sich ein Kloster. Viele Treppen führen hoch zum Gipfel. Das Kloster selbst ist nicht gerade sehenswert, aber man hat einen guten Ausblick. Am Fuße des Berges Popa gibt es ein Kloster, dort wurde übernachtet. Anschließend ging es weiter nach Thazi. Dort war mal wieder ein Haarschnitt bei mir fällig, der hat mich 15 Kyat gekostet. Nochmals zur Erinnerung, am Schwarzmarkt war 1 US Dollar = 115 Kyat. Am Abend ging es dann mit dem Zug von Thazi nach Rangoon zurück. Geschlafen wurde im Zug am Boden unter einer Sitzbank, denn die Sitzbänke sind leider schon alle von Schlafenden belegt.

In Rangoon gibt es eine Pagode, die so schön ist, das ich sie gleich dreimal besichtigt habe. Die Pagode heißt Shwedagon und ist 2.500 Jahre alt. Für mich persönlich ist dieses burmesische Bauwerk die schönste und farbenprächtigste Tempelanlage, die ich jemals gesehen habe. Für die Burmesen ist dieser Tempel der wichtigste und der größte im ganzen Land. Die Shwedagonpagode selber ist 98 Meter hoch und mit 8.000 Goldplatten von unten bis oben gepflastert. Auf der Spitze der Pagode sind 4.351 Diamanten, gekrönt von einem 76 Karat Diamant. Im oberen Teil der Pagode befinden sich auch noch 1.383 andere Edelsteine sowie nochmals Diamanten. Um die Shwedagon-Pagode herum befinden sich noch 82 andere kleinere und größere Tempel und Pagoden. Es gibt Tempel aus Stein und manche aus Holz. Dann gibt es verschiedene farbenprächtige Bemalungen der Bauwerke, sowie unterschiedliche Stilrichtungen. Laut Angaben der UNESCO wird der Wert dieses Tempels mit 900 Millionen DM im Jahr 2000 angegeben. Man kann hier, was weiß ich wie oft herkommen und man entdeckt immer wieder etwas Neues.

Von Rangoon aus habe ich dann einen Tagesausflug mit dem Zug nach Bago gemacht. In dem Zug saß auch ein rüstiger alter Mann, der sehr gut Englisch sprechen konnte. Dieser Mann ist in seinen jungen Jahren viel in der Welt herumgekommen, allerdings unfreiwillig. Er hat mir Folgendes erzählt: „Als junger Mann mußte ich für die britische Armee kämpfen. Ich reiste von Burma aus mit den britischen Soldaten nach Afrika. Dort habe ich gegen die deutschen Soldaten gekämpft. Dann wurde ich Kriegsgefangener der Deutschen. Nachdem ich eine Zeitlang in Deutschland in einem Gefängnis war, musste ich für Deutschland als Soldat gegen die Franzosen in der Normandie kämpfen. Hier wurde ich wieder gefangen genommen und kam dann von Frankreich aus nach England in das Gefängnis.
Nach Ende des Zweiten Weltkrieges haben mich die Engländer wieder in mein Heimatland Burma zurückgebracht." Nach der Recherche von mir in einem Buch über Burma, kann das, was mir dieser alte Mann erzählt hatte, durchaus wahr sein. Solche Schicksale hat es tatsächlich gegeben.
Der alte Mann war sehr aufgeschlossen und wollte alles mögliche über Deutschland und Europa wissen. Er hat mir erzählt, dass er sehr gerne auch andere Länder bereisen würde so wie ich. Aber dazu hätte er kein Geld.
In der Stadt Bago gab es dann auch Pagoden und Buddhafiguren zu bewundern. Schön war der liegende Buddha (55 Meter lang) mit dem Namen

Shwethalyaung sowie die vier Rücken an Rücken sitzenden Buddhas mit dem Namen Kyaik-Pun.

Am Abend ging es zurück nach Rangoon. Abendessen gab es in Karaweik, das ist ein Gebäude das in dem Kandawgyui-see (Königssee) im Wasser steht und wie zwei große zusammengebaute Schiffe aussieht.

In Burma habe ich schöne Souvenirs gekauft und zwar Lackmalerei auf Holz. In vielen zeitraubenden Arbeitsvorgängen wird auf Teak- oder Bambusholz ein Bild gemalt. Je mehr Farben das Bild hat, desto teurer ist es. Es gibt auch toll bemalte Tische und Serviertabletts.

Das was mich an Burma am meisten fasziniert hat waren zweifelsohne die alten Pagoden und Tempel. Am beeindruckendsten war auf alle Fälle die Shwedagon-Pagode in Rangoon.
Sehr schön war auch der Inle-See. Ein weiterer Höhepunkt der Reise waren die vielen Tempel in Bagan. Außerdem meine ich das die Burmesen die nettesten und freundlichsten Menschen Asiens sind. Zudem sind dort die Frauen außerordentlich attraktiv und sehr anmutig. Die meisten sind groß und schlank und haben eine sehr schöne Haut. Auch war gut, dass man beim Herumreisen im Land selten andere Reisende getroffen hat.

Alles in allem war Burma so schön, dass ich das Land am liebsten irgendwann nochmals bereisen möchte.

# Kapitel VIII Laos

Stadt Vientiane
beim Morgenmarkt
typische Straßenszene

In Laos war ich vom 25. September bis 7. Oktober 1993. Die Reiseroute im Land ging wie folgt: Vientiane, Thalat, Ang-Nam-Ngum-See, Insel Done Dok Khounkham, Ban Nakheuan, B-Huay, Vang Vieng, Kasi, Vientiane. Die Währung in Laos ist der Kip. Für einen US Dollar erhält man 720 Kip. Ich habe inklusive Visum 250 US Dollar ausgegeben.
Das Visum hat allein schon 80 US Dollar gekostet. Das Essen und Trinken war in Laos recht günstig. Für 200 Kip erhält man zum Beispiel 1 Brot oder auch einen Teller Suppe. 1 Flasche Trinkwasser kostet das gleiche.

Am 24. September ging die Reise von Thailand aus los. Ich bin mit dem Zug von Bangkok aus über Nacht nach Nong Khai gefahren, das ist die letzte thailändische Stadt an der Grenze. Von dort aus habe ich mich mit einer Fähre über den Mekong Fluß nach Laos übersetzen lassen. Die Farbe des Flusswassers ist hellbraun und sieht so ähnlich aus wie Milchkaffee. Nach etwas langwierigen Paßkontrollen ging es dann mit einem Tuk-Tuk nach Vientiane. Ein Tuk-Tuk ist ein spezielles Taxi mit drei Rädern. Die vordere Hälfte ist ein Motorrad und die hintere Hälfte hat zwei Räder und eine Sitzbank. In der Stadt Vientiane gab es ein paar nicht besonders sehenswürdige Tempel. Von diesen allerdings war der beste Wat Si Saket. Dort sind mehrere tausend verschiedene kleine Buddhafiguren aufgestellt.

Was mich an dieser Stadt als erstes positiv überrascht hat, war der französische Flair. Laos war früher mal eine Kolonie von Frankreich, das heißt als Nachwirkung von damals bekommt man heute noch überall frische knusprige Baguettes. Fast an jedem Tag meiner Reise in Laos gab es daher ein Baguette zum Frühstück, das war eine tolle Abwechslung in meinem Speisezettel. Außerdem gibt es in Vientiane viele Cafés und Bäckereien. Ältere Leute können zudem auch oft französisch reden. Laos war übrigens besonders eng mit der ehemaligen DDR befreundet. Ich habe immer wieder Laotianer getroffen, die längere Zeit, manche sogar Jahre in der ehemaligen DDR verbracht haben. Das war lustig, die sprechen zu hören, denn die hatten einen Dialekt wie die Ostdeutschen.

Leider habe ich erst in Vientiane erfahren, dass es von der Regierung verboten ist, viele Provinzen von Laos zu bereisen. Zudem dürfen Touristen nicht den Mekong Fluß mit dem Schiff befahren, was mich besonders geärgert hat. Außerdem muss man, wenn man in eine andere Provinz will mit dem Flugzeug fliegen, das kostet dann 150 US Dollar. Für jede Provinz braucht man ein extra Visa, welches 20 US Dollar kostet. Das ist so, weil Laos ein sehr armes Land ist. Auf diese Art und Weise versucht die Regierung, von den Touristen so viel wie möglich Geld abzuzapfen. Ich habe versucht, aus dieser Situation das Beste zu machen und habe daher nur die erlaubten Provinzen bereist. Eine Provinz heißt wie die Hauptstadt auch Vientiane. Von der Stadt Vientiane ging es auf schlechten Straßen 90 Kilometer nördlich nach Thalat. Anschließend zum Ang Nam Ngum See und dort auf eine kleine Insel namens Done Dok Khounkham. Dort war nur ein Restaurant und ein sehr schönes Hotel. Dieses war komplett leer, das heißt ich konnte mir das beste Zimmer aussuchen. Auf dieser Insel habe ich mit meiner Lieblingsbeschäftigung in Laos angefangen, nämlich Schmetterlinge zu beobachten und zu fotografieren.
Es gibt hier viele verschiedene Arten in unterschiedlichen Größen und Farben. Und überall flattern sie herum, so viele wie hier habe ich noch nie gesehen.
Eine Laotianerin hat wohl mein Hobby erkannt und brachte mir eines Tages ein anderes interessantes lebendes Insekt. Dieses Tier war ungefähr 15 Zentimeter lang und so dick wie ein Daumen. Ausgesehen hat es wie ein Tausendfüßler, aber mit nur zirka 20 Paar Beinen und rötlich. Ich hatte dieses Tier schon einmal im Dschungel von Thailand und auf einer abgelegenen Insel in Hongkong gesehen.

Dort hat man mir geraten, es nicht zu berühren denn es könne kräftig beißen. Auf Deutsch würde ich sagen das Tierchen ist ein Hundertfüssler. Dieses Insekt wurde dann lebendig in eine volle Schnapsflasche gesteckt. Dort schwamm es zuerst sehr aufgeregt und dann immer langsamer hin und her. Nach zehn Minuten war es tot. Und nun passierte es! Anschließend wurde das getrunken. Ich habe es probiert. Es hat nur geschmeckt wie hochprozentiger Schnaps. Es hatte keinerlei Beigeschmack. Die Einheimischen sagen dieses Getränk sei gut für den Körper und gesund. Na ja, wer es glaubt, soll es glauben.

In dem Ang-Nam-Ngum See war es gut zum schwimmen. Das Wasser war warm und es gab teilweise schön gefärbte Fische wie bei uns zu Hause in den Aquarien. Von der Insel Done Dok Khounkham ging es dann nach Ban Nakheuan, einem kleinen Dörfchen am Seeufer. Dort habe ich netterweise zwei Nächte umsonst in einem schwimmenden Restaurant übernachten dürfen. Auf der Speisekarte dieses Restaurants standen Eichhörnchen, Wasserschildkröten und Fische. Die letzteren zwei genannten Tiere waren lebend vorhanden. Diese habe ich auch verspeist. Die Schildkröte schmeckte ganz eigenartig. Da sie jung war konnte man auch einen Teil des Panzers verspeisen. In der zweiten Nacht kam ein kräftiges Unwetter mit viel Wind. Das schwimmende Restaurant kam da ganz schön in Bewegung und an schlafen war nicht mehr zu denken. Zudem wurde es sehr feucht.

Hier noch mal Genaueres zu der Flora und Fauna. 2/3 von Laos sind bewaldet. Es gibt hier noch wilde Elefanten und Bären. Bären gibt es so viele, das die Einheimischen Bärentatzen verspeisen. Fragt sich nur wie lange noch? Was auf den Märkten auch oft zum Essen verkauft wird, sind schöne bunte Singvögel. Ich habe auf den Märkten auch öfters Eistauchervögel gesehen, sowie Aale und Kröten. Der Dschungel in Laos ist so dicht, das die Leute hier wohl nie einen Berg besteigen. Und wenn wo ein Berg ist kann man davon ausgehen das keiner der Laotianer jemals quer über die Berge rübergelaufen ist. Wozu auch? Sagen die Leute. Da wacht doch das Abenteuerherz richtig auf, oder? In Laos leben übrigens nur 4 Millionen Menschen verteilt auf 200.000 Quadratkilometern.

Eines Abends, noch ganz am Anfang meiner Reise ging ich in Thalat mal tanzen. Das war so schön, dass ich es dann noch zweimal in anderen Dörfern gemacht habe. Aber dazu später mehr.

Von dem Hafendorf Ban Nakheuan ging es dann mit einem Fischerboot quer über den Ang Nam Ngum See nach B. Huay und von dort mit einem Bus nach Vang Vieng. Das gängigste Transportmittel auf dem Land ist das Fahrrad. Falls man mehr Güter zum transportieren hat, nimmt man einen zirka drei Meter langen Handwagen, der nur eine Achse hat. Privatautos auf dem Land in den Dörfern habe ich nicht gesehen.

Manchmal fangen die Leute so eine Art Hirschkäfer und binden ihn an seiner Lieblingsspeise, einem Zuckerrohrstab, fest. Dieser wird dann in der Wohnung aufgehängt. Das ist in Laos so, als ob sich jemand bei uns ein Haustier hält. Allerdings sieht man diesen schönen Käfer selten lebend.

In Vang Vieng ging es dann abends wieder zum Tanz. Auf der Tanzveranstaltung waren nur Einheimische. Getanzt wurde unter einem alten ausgedienten Riesenfallschirm vom Militär auf blanken, festgetrampeltem Boden. Gespielt hat eine Liveband, die sehr gut war. Der Eintritt war frei, aber man wurde um eine kleine Geldspende gebeten. Dieses habe ich dann auch gemacht. Beim Tanzfest waren alle Altersgruppen vertreten. Die Mädchen waren schön angezogen. Das heißt in der Regel einen langen farbigen Rock mit passender Bluse. Um die Taille wurde ein sehr gut verarbeiteter breiter schwerer Silbergürtel getragen. Manche hatten auch echten Silberschmuck im Haar und als Ohrring. So eine komplette Ausstattung kostete die Mädchen mehr als ein durchschnittlicher Monatsnettoverdienst.

Wenn man eine Hübsche zum Tanz auffordern will, geht das folgendermaßen. Man hält die Hände wie zum beten aber mit ausgestreckten Fingern vor seine Nase und schaut der Auserwählten in das Gesicht. Das Mädchen macht dann hoffentlich die gleiche Handbewegung und schon kann es losgehen. Auf der Tanzfläche werden zwei große Kreise gebildet. Innen die Männer, außen die Frauen. Abstand zwischen den Partnern 50 Zentimeter bis 1 Meter. Beim tanzen bewegt man fast nur die Hände beziehungsweise die Handgelenke in andauernden kreisenden Bewegungen. Ganz langsam und anmutig bewegt sich der Kreis der Tanzenden nach links im Kreis herum. Interessant war, dass sich die Tanzpaare nicht in die Augen schauen. Nach dem Tanz bedankt man sich, indem man wieder die Hände faltend vor die Nase hält. Ach ja und außerdem, schüchtern waren die Laotianerinnen überhaupt nicht.

Und zudem sehr hübsch. Allerdings haben fast alle viel Bier und Whisky getrunken und das nicht zu knapp.

Da das tanzen in einer schwül-warmen Tropennacht durstig machte, habe ich mir eine Flasche zum trinken bestellt. Die Flasche war aber noch mit einer Krone verschlossen, genauso wie bei uns zu Hause in Deutschland auch. Ein Flaschenöffner war nicht zur Hand. Ich bitte daher, natürlich nur im Spaß meine Tanzpartnerin die Krone mit den Zähnen zu entfernen. Schwuppdiwupp, packt sie die Flasche. Dann nimmt sie die Krone vorsichtig zwischen Ihren Ober- und Unterkiefer und beißt den Kronenkorken von der Flasche ab. Ich war baff. Später an diesem Abend habe ich diesen für mich so spektakulären Vorgang noch öfters bei anderen Mädchen beobachtet. In Deutschland können das, glaube ich nur wenig Menschen.

Ich habe übrigens immer in den Ländern in denen ich mich aufhielt versucht, die Sprache, die gesprochen wurde, wenigstens teilweise zu erlernen. So auch in Laos.

Nach einem Tanz mit einer besonders Hübschen habe ich zu ihr „Sepplei" gesagt. Ich meinte das heißt so etwas ähnliches wie: „Der Tanz war schön." Sie hat mich nur angelächelt. Später hat mir allerdings ein Laote, der gut Englisch reden konnte, erklärt „Sepplei" heißt: „Das Essen war gut." Ich hätte zu ihr sagen müssen: „Muhanlei." Dies hieße, mir habe der Tanz mir ihr sehr gefallen. Na ja, man lernt halt nie aus und die Laotianerin hat wenigstens etwas zum Lachen gehabt.

In der Nähe von Vang Vieng gibt es eine Höhle namens Tamjang. Der Eingang dieser Höhle ist auf halber Höhe auf einem Berg.

Laos
Straßenszenen in dem Ort Kasi
oben: ich alleine mit dem mutigsten Kind
unten: der Rest hat sich auch noch hergewagt

Da die Höhle mit einem Eisentor verschlossen ist haben mir vietnamesische Bauarbeiter das Tor aufgesperrt und die zirka 200 Meter lange Höhle gezeigt. Im Innern war es recht feucht und stellenweise floss Wasser. Ziemlich erschrocken bin ich, als sich eine Kröte, die wohl sehr einsam war, sich auf meinen Zehen ausruhen wollte. Stellenweise gab es sehr tiefe Seitengänge, die aber nicht zum Besichtigen waren. Ein paar Mal haben die netten Vietnamesen Steine in einen solchen tiefen Seitengang geworfen. Es dauerte ziemlich lange bis man den Aufprall der Steine auf dem Grund hörte. Der Ausgang der Höhle war am Fuße des Berges.

In der Nähe der Tamjang Höhle fließt ein kristallklarer kalter Bach, mit genug Wasser um darin zu schwimmen. Ein paar Laotianerinnen, die mich noch vom letzten Tanzabend her kannten, waren dort zum baden. Ich durfte mich dazugesellen. Mit einem Stück Seife hat sich dann dort jeder gewaschen, übrigens im voll angezogenen Zustand. Nach dem Baden sind wir den kleinen Fluss ein Stückchen aufwärts bis zur Quelle geschwommen. Dort konnte man in einer Höhle die halbvoll mit Wasser war, gegen die Strömung zirka 20 Meter hinein schwimmen und sich dann mit der Strömung wieder hinaus an das Tageslicht befördern lassen. Ein paar gerade vorbeikommende Mönche haben sich uns auch angeschlossen. Das war sehr schön und hat viel Spaß gemacht.

Von Vang Vieng ging es dann per Bus noch weiter nördlich nach Kasi. Je weiter man sich von der Hauptstadt Vientiane entfernt hatte, desto schlechter wurden die Straßen. Von Vang Vieng nach Kasi war es nur ein schlechter Feldweg und der Bus war ganz schön alt und überladen. Viele der Passagiere saßen auf dem Dach des Busses auf festgeschnürten Reissäcken und sonstigen Agrargütern. Der Bus hatte keine Glasfenster und der Aufbau war komplett aus Holz. Dieses Holz hat beim langsamen Durchfahren von Schlaglöchern nicht gerade vertrauenserweckend geknarzt. Für die Fahrstrecke von ungefähr 60 Kilometern haben wir vier Stunden gebraucht. Dafür bezahlt habe ich umgerechnet 1 DM. Kasi war ein Dorf, wo sich Fuchs und Hase Gute Nacht sagen. Es gab nur ein Hotel und dort waren nur Lastwagenfahrer untergebracht, die dort für eine Nacht pausierten. Eine Übernachtung kostete hier 5 DM. Auf der Straße in Kasi befanden sich viele Haustiere die frei umherliefen. Ich sah hier Kühe, Schweine, Hühner, Enten, Katzen, Hunde und Truthähne. Die Truthähne fand ich besonders fotogen. Als ich in einer Seitenstraße stoppte, um ein paar besonders farbenprächtige Truthähne zu fotografieren, führte dies zu einem Menschenauflauf. Zuletzt standen wohl an die 70 Einheimische um mich herum.

Diese waren wohl erstaunt, warum jemand etwas so Alltägliches und Banales wie diese Tiere fotografieren will. Einer hat sogar noch einen Truthahn für mich gefangen und ihn vor meine Kamera gehalten.

Viele der Kinder spielen übrigens mit Hähnen. Diese werden zur Sicherheit an einer Schnur festgebunden, damit sie nicht abhauen können und dann auf dem Arm überall mit herumgetragen. Ein anderes häufiges Spiel der Kinder war Seilspringen und Schuhe werfen! Dieses „Schuhe werfen Spiel" geht folgendermaßen.

Man stellt eine Flasche auf die staubige Dorfstraße. Nun versucht man aus etwa zehn Metern Entfernung mit seinem eigenen Schuh die Flasche zu treffen, indem man den Schuh Richtung Flasche wirft. Gewonnen hat natürlich der, welcher zuerst die Flasche mit dem Schuh trifft.

Die Laotianer waren sehr fotoscheu. Die Mehrheit der Leute wollten nicht fotografiert werden, was ich respektierte. Ein Bild konnte ich in der Regel nur machen, wenn ich mich mit einer Hübschen oder einer Gruppe von Einheimischen stundenlang beschäftigt hatte. Dann, quasi zum Abschied konnte ich manchmal ein Erinnerungsfoto machen. Nach zwei Nächten in Kasi ging es dann mit einem Bus nonstop die ganze Strecke wieder zurück nach Vientiane. Das schönste an dieser Fahrt war der Blick aus dem Bus. Überall Dschungel, nur unterbrochen durch Reisfelder und viele Felsen, die oft majestätisch in einem malerischen Reisfeld standen. Diese Felsen sind teilweise mehrere hundert Meter hoch und sehr steil. Trotzdem sind sie voll von Bäumen und sonstigem Grünzeug bewachsen.

Von Vientiane bin ich mit der Fähre wieder über den Mekong Fluss nach Thailand zurück. Die Tage der Mekongfähre sind auch schon gezählt, denn zur Zeit meines Aufenthaltes wurde zwischen Laos und Thailand eine Brücke über den Fluß gebaut. Mittlerweile ist diese Brücke logischerweise schon längst in Betrieb.

Zusammenfassend über Laos möchte ich Folgendes sagen. Schade war, dass es verboten ist die meisten Provinzen zu bereisen. Zudem durfte ich leider nicht den Mekong Fluß mit der Fähre entlangschippern. Das Schönste für mich war in Laos die Tierwelt. Überall sind diese wunderbaren Schmetterlinge herumgeflattert. Und man sah auch oft Eidechsen und andere Tiere. Außerdem war die Landschaft sehr schön, alles war so richtig satt grün. Dschungel eben. Das Tanzen fand ich auch recht anmutig und interessant. Die Baguettes und der gute Bohnenkaffee waren eine wohlschmeckende Abwechslung.

# Kapitel IX Malaysia

Insel Borneo Landesteil Sarawak
Boote im Hafen von Kapit

Die Reiseroute im Lande verlief wie folgt. Insel Penang, Kota Bharu, Insel P. Perhentian Kecil, Kuala Terrengganu, Marang, Kuantan, Melaka, Johore Bharu, Anschließend Flug auf die Insel Borneo in das Gebiet Sarawak. Dort bereise ich Kuching, Bako Nationalpark, Sibu, Kapit, Belaga, Tubau, Bintulu, Niahhöhle, Nationalpark Miri, Gunung Mulu Nationalpark sowie Marudi.

Nach zwei Tagen in dem Land Brunei ging es weiter in das Gebiet Sabah, dieses liegt auch auf der Insel Borneo. Folgendes wurde besichtigt. Beaufort, Tenom, Ranau, Kinabalu Nationalpark, Marakau, Kota Belud und Kota Kinabalu.

Gestartet habe ich die Reise nach Malaysia von Thailand aus. Der Zug von Bangkok nach Malaysia in die Stadt Butterworth hat 21 Stunden gebraucht. Für diese lange Zeit hat es sich schon gelohnt, einen Schlafplatz im Zug reservieren zu lassen. In Butterworth gab es überhaupt nichts zu besichtigen was mich interessiert hätte.

Mit einer Fähre, die so aussieht wie jene in Hongkong, kann man sich zur Insel Penang übersetzen lassen. Dort bin ich dann einige Tage geblieben. Übernachtet wurde in der Stadt Georgetown. Es gibt einige alte schöne Tempel, manche mit einem sehr farbenprächtig verzierten Dach. Die schönsten Tempel hießen Khoo Kong Si und Kek Lok Si. In der Stadt wohnen auch viele Inder und Chinesen.

Ein schöner Zufall war, das in Georgetown gerade ein chinesisches Fest gefeiert wurde. Überall gab es abends leckere Sachen zum essen. Man konnte Tänzer in farbenprächtigen Kostümen bewundern. Es gab eine sogenannte Löwentanzvorführung, das heißt zwei Personen verkleiden sich als ein Löwe und tanzen. Spätabends ging dann eine lange Prozession von einem Tempel zum Strand. Es waren Massen von Menschen unterwegs, die langsam durch die Straßen liefen. Überall wurde laute Musik gespielt. Die Zuschauer der Prozession waren sehr gut angezogen. Das ganze hat dann stundenlang gedauert.

Was mir am Anfang meiner Reise in Malaysia gleich aufgefallen ist, sind die vielen Frauen, die Kopftücher tragen. Man merkt schnell, das Malaysia ein durch den Islam geprägtes Land ist. Die meisten tragen das Kopftuch, so dass man keine Haare sieht. Einige wenige sind sogar so verschleiert, dass man nur die Augen sieht, aber das ist die Ausnahme. Manche haben sogar Handschuhe und Socken an, damit man ihre Haut dort auch nicht sehen kann.

Viele der Läden auf der Insel Penang haben bewaffnetes Wachpersonal, denn es gibt öfters Überfälle von Banditen. Nur auf den Philippinen habe ich noch so viele private Sicherheitskräfte gesehen wie hier in dieser Stadt. Diese Privatpolizisten gab es aber auch in anderen Städten Malaysias.

Nach Penang ging die Reise per Nachtbus weiter nach Kota Bharu und dann anschließend mit einem Fischerboot auf die schöne stille abgelegene Insel P. Perhentian Kecil. Dort gab es viele Eichhörnchen, Geckos, Termitenhügel, Flughunde und leider auch Moskitos. Zudem ein schöner langer Sandstrand und hinter dem Strand Dschungel. In unserer Hotelanlage auf der Insel gab es keinen Strom und kein fließendes Wasser. Nachts bekam somit jeder Gast eine Petroleumlampe in die Hand gedrückt. Zum Duschen musste man sich mit Hilfe eines Eimers und einem langem Seil Wasser aus einem Brunnen holen. Das Essen dort war auch recht einfach, das heißt morgens, mittags und abends gab es Reis.

Was macht man denn so auf einer Insel? Schwimmen, im Dschungel herumlaufen, im Korallenriff schnorcheln, am Sandstrand faulenzen und so weiter und so fort.

Auf der Insel P. Perhentian Kecil wollte ich ursprünglich nur ein paar Tage

bleiben um etwas auszuspannen, aber dann kam alles ganz anders. Nach drei Tagen hatte ich genug vom Inselleben. Also wollte ich am vierten Tag mit einem Fischerboot auf das Festland zurück. Aber was passierte in der letzten Nacht? Es kam ein Unwetter auf und es hat die ganze Nacht geregnet und gestürmt. Somit waren die Wellen zu hoch und es lief am nächsten Tag kein Boot aus. Mit zehn amerikanischen Touristen zusammen musste ich im Gästehaus bleiben. Ich weiß nicht, wie oft ich in den nächsten Tagen die Hotelrechnung bezahlt habe. Anschließend meinen Rucksack gepackt hatte und quer über die Insel auf die andere Seite zum Strand gelaufen bin. Dort habe ich dann auf ein Fischerboot gewartet. Jedesmal ist keines da gewesen, da das Wetter wohl noch zu stürmisch war. Also „Kommando zurück!" und wieder im Hotel einchecken. Und dieses Spiel ging unglaubliche 14 Tage lang. Dann war endlich das Unwetter vorbei. Oder besser ausgedrückt, der Monsun legte eine Pause ein. Alle elf Leute haben frohen Mutes das Hotel verlassen. Wir sind gemeinsam zu einem Fischer gelaufen, der ein Boot hatte. Er erklärte uns, das Wetter sei heute gut genug, um mit dem Boot zum Festland zurückzufahren. Aber heute sei leider ein moslemischer Feiertag und er dürfe daher nicht arbeiten. Somit ist die ganze Gruppe wieder in das Hotel zurück. Da war die Stimmung echt mies.
Am nächsten Tag war das Wetter zum Glück immer noch gut. Es war auch kein moslemischer Feiertag. Somit sind wir wieder alle zu der Stelle hingelaufen, wo uns das Fischerboot abholen sollte. Es ist auch gekommen. Da das Boot allerdings kein kleines Beiboot hatte, mussten wir alle vom Strand aus zum großen Schiff hinschwimmen. Unser Gepäck haben wir in Etappen vom Strand mit Hilfe eines Floßes, das von uns Schwimmern mitgezogen wurde, zum Fischerboot hintransportiert. Dann ging es endlich zurück nach Kota Bharu. Auf dem Festland haben wir alle zusammen noch das „Endlich sind wir von der Insel-Weg-Fest!" gefeiert. Danach ist jeder wieder für sich alleine weitergereist. Insgesamt waren wir 19 Tage auf der Insel P. Perhentian Kecil.

Ich bin dann nach Kuala Terrengganu weitergezogen. Auf dem hiesigen Markt wurden häufig frisch gelegte Eier von Wasserschildkröten verkauft. Diese sehen ungefähr so aus wie Tischtennisbälle. Die Schale ist weich und fühlt sich an wie Papier. Ich kann mich noch daran erinnern, dass der Preis für so ein Ei verblüffend niedrig war. Gekauft habe ich natürlich keines. In Kuala Terrengganu habe ich ein paar Malaysianer kennengelernt. Diese haben mir mit ihrem Auto mehrmals die Stadt gezeigt und mich dauernd zum Essen eingeladen. Jedesmal, wenn ich an einem Marktstand eine neue mir unbekannte Frucht interessiert angeschaut hatte, haben mir diese Freunde flugs ½ Kilo geschenkt. Als ich dann weitergereist bin, haben Sie mich noch zum Abschied zum Busbahnhof gefahren. Das war nett.

Meine nächste Station war das Fischerdorf Marang. Dort war es ruhig. Überwiegend waren die Häuser aus Holz und Bambus gebaut. Im Hafen gab es ein paar schöne farbig angemalte alte Fischerboote, diese waren gut zum fotografieren.
Von Marang aus ging es mit einem Nachtbus weiter nach Kuantan. Um 2 Uhr morgens ist der Bus in dieser Ortschaft angekommen. Ich habe mich dann entschlossen,

alleine am Busbahnhof auf einer harten Steinbank zu schlafen. Ein Mädchen, das dort die ganze Nacht Obst verkaufte, hat mir mehrere Stück Pappkartons gegeben. Diese habe ich dann als Unterlage auf die Bank gelegt. Anschließend habe ich dort übernachtet. Manchmal bin ich aufgewacht und habe über die vielen anwesenden Ratten gestaunt. Diese sind immer wieder über das Obst, das das Mädchen verkaufen wollte, gelaufen.

Am nächsten Morgen ging die Reise per Bus weiter zu meinem eigentlichen Ziel, nämlich die alte historische Stadt Melaka. Dort gab es zufälligerweise abends ein großes indisches Straßenfest. Man konnte Tanzvorführungen zuschauen und gemütlich durch die Innenstadt schlendern. Überall waren Essenstände aufgebaut. Das Essen hat gut geschmeckt. Ich habe viele verschiedene indische Gerichte probiert. Ein großer Zufall war, dass ich in Melaka vier Touristen wieder getroffen habe, mit denen ich auf der Insel P. Perhentian Kecil war.
In Melaka sind schöne alte Gebäude. Zum Beispiel gibt es dort die Stadthuys und die Christenkirche. Diese sind aus dunkelroten Backsteinen gebaut. Schön zum anschauen war auch der chinesische Cheng Hoon Teng Tempel. Denn dieser hatte ein Dach mit farbenprächtigen Darstellungen von Schlangen und Drachen. Diese waren aus Ton gebrannt. So ein ähnliches schönes Dach hatte auch ein Tempel in Georgetown auf der Insel Penang.

Von Melaka bin ich nach Johore Bahru zum Flugplatz gefahren. Von dort ging es mit der malayischen Fluggesellschaft MAS auf die Insel Borneo. Das Gebiet dort heißt Sarawak. Dieser Landesteil von Malaysia hat mir am meisten gefallen. Warum? Also das beschreibe ich im Folgenden etwas genauer.

Gelandet bin ich in Sarawak in der Stadt Kuching mitten in der Nacht. Also habe ich da gleich mal im Flughafengebäude auf vier harten unbequemen Plastikstühlen übernachtet. Diese Stadt Kuching habe ich mir ganz anders vorgestellt. Er war überall sauber und alles sah modern aus. Die staatlichen Gebäude waren aus Beton und teilweise futuristisch gebaut. Das sogenannte Civic Center sieht zum Beispiel aus wie ein gerade von einem anderen Stern gelandetes Raumschiff. Alles in allem sieht Kuching ähnlich aus wie eine Stadt in Europa. In Sarawak gibt es viel Ölvorkommen und der Dschungel wird abgeholzt. Dadurch hat der Staat wohl viele Geldeinnahmen, um sich teure großzügige Staatsgebäude zu bauen. Am besten in Kuching war die neu gebaute Flusspromenade. Das ist eine Art Park, der am Ufer des Flusses gebaut ist. Dort bin ich abends häufig gewesen. Manchmal spielte dort sogar eine Liveband. Toll war auch das Museum Kuchings. Hier waren viele ausgestopfte Tiere von der Insel Borneo zu sehen, sowie nachgebaute traditionelle Häuser der Ureinwohner. Hinter dem Museum befand sich ein ruhiger gepflegter Park. Zudem war dort ein kleiner Zoo mit Krokodilen, Vögeln und vielen verschiedenen Fischen. Diese Tiere waren auch alle von der Insel Borneo. In der Stadt Kuching war auch wieder eine schöne Moschee mit dem Namen Masjid Negara. Zudem gab es mehrere kleinere Tempel für die indischen und chinesischen Bewohner der Stadt.
In der Nähe von Kuching befindet sich der Bako Nationalpark. Es ist möglich, dort zu übernachten. Dieses ist für Tierfreunde reizvoll, da man abends viele Tiere sieht,

Malaysia
Insel Borneo Landesteil Sarawak
Stadt Kuching, Indianstraße
Vor dem Aufbruch in das Landesinnere

vorzugsweise Insekten. Der Besuch dieses Nationalparks hat mir viel Freude berei
tet. So habe ich später auf meiner Reise noch öfters andere Parks aufgesucht.
Der Strand des Bako Nationalparks war bei Ebbe und Flut total verschieden. Bei Ebbe hat der Strand wie ein Wald ausgesehen. Denn überall wachsen Bäume. Diese
haben lange breit gefächerte Wurzeln. Am Boden sieht man viele Schlammspringer.
Das sind so eine Art Fische die nicht nur im Wasser schwimmen, sondern im
Schlamm herumkriechen können und das verblüffend schnell. Bei Flut dagegen
steht der ganze Wald aus Mangroven unter Wasser. Nur die Baumkronen schauen
aus dem Wasser heraus. Das sieht außergewöhnlich aus.
Es ist auch möglich gewesen, mehrere verschiedene Dschungelwanderwege abzu-
laufen. Dort sieht man dann Käfer und Schmetterlinge sowie Ameisen und Eidechsen. Manchmal auch Affen. Es gibt auch noch andere Wildtiere. Aber die hört man
nur und bekommt sie in der Regel nicht zu Gesicht.

Vom Bako Nationalpark geht die Reise wieder zurück in die Stadt Kuching.
Von Kuching aus startete ich dann zu einer sehr abwechslungsreichen, ich möchte
fast sagen tollen Reise. Diese führte mich in zehn Tagen durch ganz Sarawak bis in
das Land Brunei. Als Transportmittel in dieser Zeit habe ich Boote, Jeeps, Busse
und ein Flugzeug benutzt.
Der erste Abschnitt der Reise führte mich von Kuching  nach Sibu. Dafür wurde ein
zweistöckiges Tragflächenboot mit Klimaanlage genommen. Dieses Schiff fährt zuerst den Sarawak Fluß hinunter und dann hinaus auf den offenen Ozean. Das ist in
diesem Fall das Südchinesische Meer. Nach mehreren Stunden auf dem Meer geht
es anschließend wieder aufwärts den Fluss Rejang hinauf, bis wie gesagt, zur Ortschaft Sibu. Dort gab es einen mehrstöckigen chinesischen Tempel. Der hat ausgesehen wie der schiefe Turm von Pisa, allerdings nicht schief. Von dem Tempelturm
herunter hatte man eine gute Aussicht über die Umgebung sowie den Hafen von Sibu.

Das gängigste Transportmittel in Sarawak sind die sogenannten Langboote.
Viele Ortschaften und Dörfer sind nur mit dem Boot zu erreichen, weil es oft gar keine Straßen gibt. Die Langboote fassen ungefähr 60 Leute. Alle Passagiere sitzen in
einer langen total geschlossenen Röhre aus Metall. Das sieht genauso aus wie ein
Flugzeug, allerdings natürlich ohne Flügel.
Die meisten neueren Schiffe haben sogar eine Klimaanlage. Die Boote haben teilweise 1000 PS sowie einen 12-Zylinder-Motor. Diese Motoren sind „Made in Germany" und machen die Boote schnell. Für 30 bis 40 Kilometer gegen die Strömung mit
mehreren Stopps haben wir 1,5 Stunden gebraucht. Manchmal allerdings sinkt so
ein Boot. Dann gibt es leider in der Regel keine Überlebenden. Warum? Die Boote
sind wie schon erwähnt rundum total geschlossen. Ganz vorne gibt es zwei schmale
Ausgänge. Die vorhandenen Notausgänge weiter hinten im Boot sind mit Schrauben
verschlossen oder auch zugeschweißt. Und innen in dem Boot geht es auch eng zu.
Falls man da kentert und sinkt, ist die Chance auf ein Überleben gering, außer man
sitzt vielleicht nahe an einem Ausgang. Aber trotzdem habe ich diese Boottrips auf
den größeren und kleineren Dschungelflüssen sehr genossen. Viel

Spaß hat es gemacht, während der Fahrt nicht in der Röhre, sondern auf der Röhre zu sitzen. Viele Stunden bin ich auf solchen Booten oben gesessen. Die Aussicht war optimal. Wohin man auch blickt, man sieht nur Bäume und ab und zu auf dem Fluss ein anderes Boot. Aber das mit den Bäumen täuscht, denn der Dschungel ist nur links und rechts am Flußufer. Außer Sichtweite ist oft alles komplett abgeholzt. Vom Flugzeug aus sieht man dann die riesigen baumlosen Flächen.

Die Bäume am Flussufer werden nicht gefällt, weil es zu schwierig ist das Holz weg zu transportieren. Das Flusswasser ist erdfarben, weil der Regen die Erde der abgeholzten Flächen davonspült.

Von der Ortschaft Sibu ging es per Boot weiter nach Kapit.

Sobald man in Sarawak herumreist, muss man sich immer wieder an vorgeschriebenen Polizeiposten persönlich melden und seinen Ausweis zeigen. Dann muss man ein extra Visa beantragen, um weiterreisen zu können. In Kapit war für mich das erste von sechs Visa für Sarawak fällig. Der dortige Beamte war erstaunt, dass ich nur ein Tourist bin. Und auch noch alleine.

Denn er sagte zu mir, viele Leute die hierher kommen, sind beruflich hier. In der Regel Biologen, Höhlenforscher, Geologen und Menschen, die allgemein an der Flora und Fauna interessiert sind. Viele Studierende und Doktoranden kommen in dieses Gebiet, um ihre Doktorarbeit zu schreiben. Zum Beispiel über die noch unerforschten Insektenarten. Jeder Ausländer also, der nach Kapit kommt und noch weiter in das Landesinnere vordringen will, muss ein Visa beantragen. Diese Visas wurden immer kostenfrei ausgestellt. Mein Visa, das der Beamte für mich ausfüllte, war erst das dreihundertelfte dieses Jahr. Das war am 16. November 1993. Somit kommt im Schnitt pro Tag ein Ausländer in dieses schöne Gebiet Sarawaks.

Ach ja, wenn ich an die Zeit in Kapit zurückdenke, fällt mir auch eine kleine Geschichte ein. Ich suchte und fand in dieser Ortschaft ein Hotel. Beim Einchecken sind mir gleich ein paar gutaussehende junge Mädchen aufgefallen. Manche andere weibliche Hotelgäste haben ihre Tür offengelassen, so dass man in das Zimmer hinein schauen konnte. Beim Blick in ein anderes Zimmer habe ich auch eine Hübsche beim Umkleiden gesehen. Die hat sich nicht daran gestört, das ihre Tür offen war. Das alles hat mich zwar gewundert, aber ich habe nicht länger darüber nachgedacht. Erst Tage später habe ich erfahren, das ich versehentlich in einem Bordell übernachtet hatte, welches auch ab und zu normale Hotelgäste aufnimmt wie mich. Und außerdem, eine andere Übernachtungsmöglichkeit hat es sowieso auch nicht gegeben.

Von Kapit ging es per Langboot weiter in das Dorf Belaga. Dort war die Insektenwelt für mich so faszinierend, dass ich fast die ganze Nacht in den Straßen herumgelaufen bin. Außer sehr vielen schönen Schmetterlingen und Nachtfaltern gab es dort ein Insekt, das ich noch nie in solchen Massen gesehen hatte wie hier, nämlich Riesenzikaden. Diese Tiere sind völlig harmlos und sehen wie Stubenfliegen aus, aber viel größer. So wohl 5 bis 8 Zentimeter lang. Das ist ungefähr die Größe eines deutschen Sperlings. Diese Zikaden sind einfach zu fangen und man sieht sie oft in der Nähe von Lampen herumsitzen. Es gibt sie in vielen schimmernden Farben wie zum

Beispiel bläulich oder grünlich. Ein paar waren auch mehrfarbig bunt gezeichnet. Wenn man die Tiere mit der Hand festhält, beginnen sie einen zarten Brummton von sich zu geben. Das hört sich an wie das Brummen eines Teddybärs. Eine besonders schöne Zikade saß weit oben an einem Telefonmasten. Zu weit weg, um ein Foto zu machen. Eine Gruppe von Leuten hat mich wohl auf meiner Insektentour beobachtet. Dann haben Sie mir geholfen die Zikade zu fangen. Oft haben mich die Leute in Sarawak gefragt: „Bist Du ein Tierforscher?" Ich verneinte und erklärte, dass ich ein normaler Rucksacktourist bin. Aber die Tierwelt auf der Insel Borneo hatte es mir einfach besonders angetan.

In Belaga ist normalerweise Endstation der Reise durch Sarawak. Denn von Belaga aus gibt es keine öffentlichen Verkehrsmittel mehr, um vom Landesinnern wieder an die Küste in Richtung zum Land Brunei zu gelangen. Man kann nur auf dem gleichen Weg, auf dem man gekommen ist, mit einem Langboot wieder zurückzufahren.

Da hilft alles nichts. In so einem Fall ist man auf private Hilfe angewiesen. Und, alles klappt, wenn man nur wirklich will. Ich erklärte im Dorf ein paar Einheimischen, wo ich hin wollte und am nächsten Tag ging die Reise schon wieder weiter. Mit einem kleinen Einbaum bin ich eine Stunde lang den Rejang-Fluß aufwärts hochgefahren. Auf dieser Fahrt kommt man an ein paar Friedhöfen vorbei. Die Stämme der Gegend beerdigen die Toten hoch oben in den Kronen der Urwaldriesen. Die Leichname werden dazu in eine Holzkiste gepackt und dann nach oben in dem Baum befördert und mit Schnüren und Hölzern verankert. Manche Särge sind farbenfroh in rot, blau und violett angemalt. Die Einheimischen sind manchmal am ganzen Körper tätowiert und die Ohrläppchen sind so lang, dass sie auf der Schulter aufliegen. Die Ohrläppchen sind deshalb so lang, weil die Menschen massive goldene schwere Ohrringe tragen. Allerdings sehen nur die alten Leute so aus. Die Jugendlichen wollen alle wie Europäer aussehen. Das heißt Jeanshose, Sonnenbrille, T-Shirt und natürlich keine Tätowierungen wie die alten Männer und Frauen. Der Bootsmann setzte mich also wie gesagt nach einer Stunde Fahrt in einem Holzfällerlager mitten im Dschungel ab. Dort traf ich einen Mann, der einen Jeep besaß. Dieser war bereit mich mit seinem Jeep und einer Gruppe von anderen Leuten 50 Kilometer quer durch den Dschungel in das nächste Dorf mit dem Namen Tubau zu fahren. Auf dieser Dschungelstraße fuhren außer uns nur große Laster, welche die gefällten Baumriesen transportieren. Der Jeepfahrer würde mit seiner Fahrweise sicherlich einen guten Platz bei der Rallye Paris-Dakar belegen. Da es immer bergab und bergauf geht und die Straße voll mit Morast ist, hat der Fahrer bergab Vollgas gegeben. Dann sind wir mit (hoffentlich) viel Schwung auf die nächste Bergkuppe hochgefahren. Alle Passagiere saßen oder standen hinten auf der offenen Ladefläche des Jeeps.
Immer wieder ist der Jeep seitlich nach links und rechts ausgebrochen. Aber der Fahrer hat das Fahrzeug immer wieder unter seine Kontrolle gebracht. Die Mitfahrer auf der Ladefläche haben mit Gewichtsverlagerung ihres Körpers in jeder Kurve dafür gesorgt, das dass Risiko eines Überschlags gemindert wurde. Ich fand diese

Fahrt sehr aufregend. Zu meiner Verblüffung fuhr auf dem Jeep auch eine Mutter mit einem Neugeborenen mit. Diese Mami hat mit einer Hand ihr Baby festgehalten und sich mit der anderen Hand an der Ladefläche des Jeeps festgekrallt. Es waren auch ein paar Kinder dabei. Diese Kinder fanden es aufregender, das ich (ein Ausländer!) mitfährt, als die Fahrt an und für sich. Na ja, die machen so eine Jeepfahrt wahrscheinlich öfters mit.

In der Nähe des Dorfes Tubau gibt es auch einen Fluss. So konnte ich von dort wieder mit meinen geliebten Langbooten die Reise fortsetzen nach Bintulu. Anschließend ging es per Bus zu den Niah-Höhlen-Nationalpark. Die Niahhöhle ist eine äußerst große. Sie ist innen teilweise bis zu 50 Meter hoch. Ab und zu ist in der Höhlendecke ein größeres Loch, durch das Licht hereinfällt. Die Menschen hier sammeln in der Höhle das meterdick vorhandene Guano und verkaufen es. Im Laufe von vielen Jahren hat sich von den Hinterlassenschaften der massenhaft vorkommenden Fledermäusen dieser natürliche Dünger angesammelt. Sackweise wird das Zeugs herausgeschleppt.

Erstaunt hat mich in Sarawak, das dort so viele Einheimische in den staatlichen Gästehäusern übernachten. Sie machen das nur, weil es dort so billig ist. Viele machen gar keine Ausflüge in die Parks hinein. Manche bleiben wochenlang in den Gästehäusern, ohne auch nur einmal eine Höhle oder sonst etwas zu besichtigen. Schade dabei ist, das diese Leute die wenigen Schlafplätze belegen und gar kein Interesse an dem Park haben. Aber man muss diese Leute verstehen, denn es ist die billigste Möglichkeit, Urlaub zu machen. Und der verantwortliche Betreiber kann immer melden, das sein Hotel voll ist. Ihm ist egal wer das Geld bezahlt. Entweder die Touristen aus aller Welt oder die Einheimischen.

Nach dem Niahhöhlen-Nationalpark ging die Reise weiter nach Miri. Dort habe ich abends einmal die Lokalnachrichten angeschaut. Es kam ein Bericht über einen gar nicht so seltenen Unfall der typisch für die Gegend hier ist. Nämlich, ein Mann wurde beim Baden von einem Krokodil gefressen. Das Krokodil wurde dann auch gefunden und getötet. In seinem Bauch wurden die Armbanduhr des Mannes gefunden und die menschlichen Überreste. Anhand seiner Uhr wurde er von den Angehörigen identifiziert.

In der Ortschaft Miri wird eine Drei-Tages-Tour zum Gunung-Mulu-Nationalpark gebucht. Dieser Park war der beste von allem, was ich seither gesehen hatte. Von Miri aus fliege ich mit einer Twin Otter mit 18 Sitzplätzen nach Mulu. Während des Fluges kann man dem Piloten und Kopiloten über die Schulter schauen, da die Flugkanzel vom Passagierraum nicht abgetrennt ist. Wenn man während des Fluges aus dem Fenster schaut, sieht man gut die großen schon abgeholzten Flächen. Nur in den Nationalparks herrscht noch Dschungel pur. Nach der Landung in Mulu geht die Reise wieder per Boot (was sonst?) weiter zum Nationalpark. Die folgenden drei Tage sind wir alle zusammen eine Gruppe von sieben Touristen. Wir bekommen zwei Führer zur Verfügung gestellt. Einer davon war wirklich sehr gut. Immer wieder beim Herumlaufen im Dschungel ist er einfach stehengeblieben.

Dann hat er uns irgendwelche Tiere gezeigt wie zum Beispiel Käfer, die es in allen möglichen schillernden Farben und Größen gab. Wir sahen auch in Massen Ameisen, Geckos, Vögel, Affen und Termiten. Manche Tiere waren so gut getarnt, dass wir viele ohne den Führer wohl nicht gesehen hätten.

Die Pflanzenwelt war auch imposant. Es gibt im Dschungel einen sogenannten Würgebaum. Dieser wächst ganz langsam an einem anderen Baum hinauf und erwürgt ihn dann. Dieser Vorgang dauert Jahre. Nachdem der Wirtsbaum abgestorben ist, steht der Würgebaum ganz alleine da. Aber man sieht noch, das da früher im Innern des Würgebaums ein anderer Baum gestanden haben muss.

Ein anderer Baum hat einen Saft in sich, der von den Eingeborenen als Gift zum töten von Tieren benützt wird. Diese Gift ist so stark, dass es auch tödlich für Menschen ist. Die Jäger hier benützen Blasrohre zur Jagd. Auf die Pfeilspitze kommt eine kleine Menge des Giftes. Ein Streifschuss auf das Tier genügt schon, denn das Gift führt dazu, dass das Blut dickflüssig wird und nicht mehr fließen kann. Das führt dann zum schnellen Tod.

Wieder ein anderer Baum wirft alle paar Jahre sein komplette Rinde ab. Als Laie meint man dann, der Baum ist abgestorben, aber das täuscht. Die ganze Rinde wächst wieder nach. Warum das so ist, wird immer noch erforscht.

Noch einmal etwas zur Tierwelt. Alleine in dem Gunung Mulu Nationalpark gibt es über 300 verschiedene Ameisenarten. Und ab und zu werden sogar heute noch neue Arten entdeckt. Und nicht nur Ameisen. Das alles hat mich sehr beeindruckt.

Auch fasziniert haben mich die Höhlen dort. Insgesamt wurden sechs verschiedene Höhlen in dem Gunung Mulu Nationalpark besichtigt. Die erste hieß Lang Höhle. Dort waren viele Tropfsteine. Solche Höhlen gibt es auch bei uns zu Hause. Also nichts Besonderes. Die zweite Höhle hieß Deer. Diese ist innen riesengroß. Ohne Probleme könnte dort ein Militärhubschrauber hineinfliegen, rumfliegen und wieder hinausfliegen. In dieser Höhle leben massenhaft Fledermäuse. Eines Abends konnten wir dort beobachten, wie die Schwärme ausgeflogen sind. Das passiert nicht jeden Abend. Denn wenn es regnet oder zu kühl ist, bleiben die Fledermäuse zu Hause in der Höhle. Nur wenn es zu viele Nächte lang geregnet hat, treibt der Hunger die Tiere aus der Höhle. Die Schwärme bestehen aus Tausenden von Fledermäusen und diese fliegen immer zusammen in spiralförmigen Bewegungen durch den Himmel. Mehrere Raubvögel haben sich dann ein paar der Fledermäuse zum Abendessen geschnappt.

In den großen Höhlensystemen gibt es auch Schlangen und Fische. Manche Arten gibt es nur hier in diesen Höhlen. Zudem leben am Boden viele Käfer. Diese sind stellenweise so häufig das sie mehrschichtig übereinander sitzen. Manche Käferarten ernähren sich nur von den heruntergefallenen toten Fledermäusen.

Dann führte uns der Reiseleiter zur Windhöhle. Diese trägt ihren Namen zu Recht, denn es war tatsächlich sehr windig innen.

In der Klarwasserhöhle; (die heißt wirklich so!) fließt ein richtiger breiter Fluß. Das sah schon außergewöhnlich aus.

Die Strömung des Flusses war zudem stark. Von dieser Höhle aus ging die Gruppe zu zwei weiteren Höhlen, die miteinander verbunden waren. Teilweise wateten wir brusttief durch das Wasser. Ab und zu war es so eng, dass sich jeder einzeln durch einen schmalen Spalt durchquetschen musste. Und gefährlich war es auch. Manchmal befand sich eine Felsenspitze knapp unter dem Wasserspiegel. Wenn da einer von uns ausgerutscht wäre, hätte das ganz böse enden können.

Die älteste in unserer Gruppe war wohl fünfzig, die jüngste fünf Jahre alt. Aber Angst gehabt haben die nicht. Nach diesen Höhlenbesuchen musste unsere ganze Gruppe noch durch einen kleinen Fluss schwimmen um zurück zu unserem Vesperplatz im Dschungel zu kommen. Nach dem Besichtigen dieser Höhlen zeigte uns der Führer noch ein sogenanntes Langhaus. Diese traditionellen alten Gebäude sind teilweise 50 Meter lang. Im Innern wohnt quasi ein ganzes Dorf. Es gibt Küchen, Schlafplätze und Versammlungsräume. Die heutigen Langhäuser allerdings haben innen alle Trennwände damit jede Familie tatsächlich auch für sich alleine wohnt.

Leider vergingen die drei Tage in dem Gunung Mulu Nationalpark viel zu schnell. Mit vier verschiedenen Booten (je breiter der Fluß wurde, desto größer wurde auch das nächste Boot) ging es zurück nach Kuala Baram und von dort per Bus nach Miri. Nachdem ich eine Nacht dort geschlafen hatte, ging die Reise per Bus und Fähre weiter in das Land Brunei.

Dann wurde Brunei bereist. Anschließend führte mich mein Weg wieder nach Malaysia, diesmal in den Landesteil Sabah. Die erste Station hieß Mempakul. Mit einem Minibus und auf schlechten Straßen ging es weiter nach Beaufort. Auf halber Strecke bekam unser Bus einen platten Reifen. Aber das war kein Wunder bei diesen schlechten Straßen. Es sind verglichen mit Europa Feldwege. Zum Zeitvertreib, während der Busfahrer einen Radwechsel machte, fotografierte ich ein paar am Straßenrand spielende Kinder. Kaum war das Bild geknipst, hat der Fahrer auch schon den Radwechsel beendet und die Fahrt konnte weitergehen.

Von dem Dorf Beaufort aus ist es möglich mit einem alten Zug nach Tenom zu fahren. Dieser sogenannte Dschungelzug braucht für diese Strecke zwei Stunden. Es ging immer an einem tosenden Wildwasserfluß entlang. Teilweise ist der Dschungel so dicht, dass das Grünzeug über dem Zug wieder zusammengewachsen ist. Das heißt man fährt durch einen grünen Tunnel aus Pflanzen. Die Zugfahrt war gut. Die im Zug mitfahrenden Kinder spielten mit lebenden Wasserschildkröten. Das ist die einzige fahrbare Zugstrecke von der ganzen Insel Borneo.

In dem Dorf Tenom gibt es auch wieder verschiedene Insekten, aber auch viele schwarze spatzengroße Vögel. Diese sitzen überall herum. Die Telefonleitungen und Stromkabel sind alle besetzt. Es herrscht ein dauerndes Gezwitscher und immer wieder starten Schwärme dieser Vögel zu einem Rundflug. Nach einer Nacht in Tenom heißt das nächste Ziel Ranau. In der Nähe von Ranau kann man mehrere Dinge unternehmen. Zuerst mal gibt es dort die Quellen, aus denen heißes Wasser sprudelt. Dieses Wasser ist stark schwefelhaltig. Es ist möglich dort zu baden. Jedes Wasserbecken hat eine andere Wassertemperatur. Am Rande der Becken sind immer zwei Wasserhähne angebracht. Einer ist für Kaltwasser und einer für heißes Wasser. Somit kann man sich selber seine Badetemperatur bestimmen.

Direkt an der Quelle ist das Wasser so heiß, dass man dort Eier kochen kann. Ich war öfters bei diesen Quellen zum Baden. Am besten war es nachts. Denn dann hört man viele Tiergeräusche aus dem nahen Dschungel. Zudem kann man den Sternenhimmel und die vielen umherfliegenden Glühwürmchen anschauen. Wenn man dazu noch im Wasser sitzt, ist man vor den lästigen Moskitos geschützt. Zumindest solange das Wasserbecken nicht verlassen wird.

Das zweite schöne in der Nähe von Ranau ist der Dschungel und der Rundwanderweg. Während meiner Zeit in Malaysia war ich ja öfters im Dschungel unterwegs. Aber dieser Dschungelpfad führte nicht nur am Boden entlang, sondern auch mit Leitern und Brücken bis zu 30 Meter hoch hinauf zu den Kronen der Urwaldbäume. Ein bisschen mulmig war es mir allerdings schon. Denn die Bäume und Brücken haben ganz stark geschwankt. Aber die Aussicht war gut. Man konnte viele Vögel und ein paar Affen sehen. Man sagte mir die Affen haben keine Scheu vor den Menschen, weil die Leute auch oben in den Baumwipfeln herumlaufen wie die Tiere selbst. Somit wird man nicht als Feind angesehen. Im Klartext, der Affe hält den Touristen schlicht und einfach auch für einen Affen! Lustig was?

Zudem gab es in der Umgebung von Ranau auch eine Höhle mit Fledermäusen sowie einen Wasserfall.

Ein Mädchen mit dem Namen Halimah, die ich in Ranau kennengelernt hatte, hat mich zu sich nach Hause in das Dorf Marakau eingeladen. Das ist nur ein paar Kilometer entfernt. Diese Ortschaft liegt sehr malerisch zwischen den Bergen ringsrum. Die meisten Häuser haben einen großen Garten. Viele Familien besitzen zur Eigenversorgung Haustiere wie Hühner oder Ziegen. In Marakau treffe ich dann drei Freundinnen von Halimah. Diese sind strenggläubige Moslime. Das heißt schwarze Kleidung verhüllte den ganzen Körper. Der Kopfschleier hatte nur einen schmalen Augenschlitz zum schauen. Nicht mal die Nasen der Damen konnte man sehen. Normalerweise reden diese Moslemfrauen nicht mit Männern auf der Straße. Und mit Ausländern sowieso nicht. Da ich aber ihre Freundin kannte, war die Scheu vor mir wohl nicht so groß. Das war schon eigenartig mit drei gleich angezogenen Frauen zu reden, ohne das Gesicht zu sehen. Meine erste Frage war natürlich: „Müsst ihr eigentlich unter eurem Schleier nicht schwitzen?" Die Antwort: „Nein!" Gegenfrage der Mädchen: „Tragen Frauen in deiner Heimat auch Schleier?" Sie wollten alles Mögliche von Deutschland wissen. Es war erheiternd mit denen längere Zeit zu plaudern.

Anschließend führte die Reise von Ranau weiter zum Kinabalu Nationalpark. Dort bin ich wieder mal mit und auch ohne Führer die Dschungelpfade abgelaufen. Einmal habe ich den Fehler gemacht, mit nicht so guten Schuhen loszulaufen. Das habe ich dann aber bald bereut. Denn nach einiger Zeit wandern, juckte es mich zwischen den Zehen. Ich blieb stehen, kratzte mich und lief weiter. Da das Jucken nicht aufhören wollte, blieb ich etwas länger stehen. Ich schaute mal nach, was mich da so beißt. Und oh Schreck, da sitzt ein festgesaugter Blutegel.
Insgesamt habe ich an diesem Tag sechs Blutegel von meinen Füßen entfernt. Die Tiere waren so hungrig, dass die Bissstellen an meinem Körper nach Entfernen des

Egels geblutet haben. Das hat keinen Spaß gemacht. Die anderen Tiere des Parks wie zum Beispiel Schmetterlinge, Vögel und Eichhörnchen waren mir da schon viel angenehmer. In der Nähe ist der Berg Kinabalu gewesen, die ganze Umgebung war malerisch mit Grünzeug überwuchert. Zudem war das Klima angenehm kühl, da der Park weit über dem Meeresspiegel liegt.

Die Reise führte dann weiter nach Kota Belud, eine typische Stadt Sabahs. Denn mitten in der Stadt ist ein überdimensionaler Sportplatz angelegt. Nahebei eine Moschee. Und abends in den Straßen überall Marktstände, wo alles mögliche verkauft wird. Am häufigsten natürlich Essen und Trinken. Diese Märkte haben mich immer zum Essen und Trinken garadezu verführt. Vor allem wegen den frischen und exotischen Obstständen.

Die nächste Stadt hieß Kota Kinabalu, das ist die Hauptstadt Sabahs. Dort geht es schon etwas lebhafter zu als in den anderen Ortschaften. Zudem leben hier viele arme Filipinos. Diese sind alle illegal eingereist. Sie verdienen sich ihren Lebensunterhalt mit dem Verkauf von Muscheln oder schöner Handarbeit. Andere verkaufen geschmuggelte Zigaretten oder reparieren Schuhe. Die jungen hübschen Filipinas arbeiten oft im horizontalen Gewerbe. Kinder verkaufen bis spät in die Nacht Süßigkeiten. Nachts schlafen diese Filipinos oft auf den Gehwegen. Als Decke nehmen sie manchmal nur eine alte Zeitung.

Von Kota Kinabalu ging die Reise per Flugzeug wieder nach Johore Bharu auf dem Festland Malaysias zurück. Diese Stadt liegt nahe bei Singapur. Dann wird ein Zug bestiegen.

Dieser fährt in zwölf Stunden quer durch ganz Malaysia bis an die Grenze zu Thailand. Die letzte Zugstation in Malaysia heißt Kota Bharu. Wenn man während der Zugfahrt aus dem Fenster schaut, sieht man Kokosnuss- und andere Baumplantagen. Dschungel ist hier auf dem Festland nicht mehr so viel vorhanden. Das Zugfahren in Sabah war da viel besser. Von Kota Bharu brachte mich ein Taxi nach Rantau Panjang, eine kleine Grenzstadt. Dort lief ich zu Fuß über die Grenze, um die Reise in Thailand fortzusetzen. Gekostet hat mich Malaysia 1000 US Dollar. Insgesamt bin ich vom 21. Oktober bis 3. Dezember 1993 im Lande unterwegs gewesen.

Mein zusammenfassender Eindruck ist wie folgt. Ein bisschen schade war, das die Malaysianer in der Regel gegenüber Fremden etwas mehr zurückhaltend sind als die Asiaten in den Nachbarländern. Ein Erlebnis für mich war der unfreiwillige längere Aufenthalt auf der Insel P. Perhentian Kecil. Schön war die historische Stadt Melaka. Sehr angetan hat es mir in Malaysia die Insel Borneo. In Sarawak war das Bootfahren für mich jedesmal ein tolles Erlebnis. Gut war, dass man die meisten Ortschaften sowieso nur per Boot erreichen konnte. Der Dschungel und die Nationalparks haben mich nachhaltig beeindruckt. Mit Abstand der schönste Nationalpark war Gunung Mulu. Dort waren auch die vielen Höhlen. Am interessantesten in Sabah war der Kinabalu Nationalpark, sowie die Zugfahrt durch den Dschungel. Ich habe es nicht bereut, meine Reise in Malaysia auch auf die Insel Borneo mit den Landesteilen Sarawak und Sabah auszudehnen.

# Kapitel X Brunei

Dieses moslemische Land habe ich vom 24. bis 25. November 1993 bereist.
Das hat mich 40 US Dollar gekostet. Ich bin mit dem Bus von Malaysia (Landesteil Sarawak) nach Brunei eingereist. Dort habe ich gleich ein paar Ölraffinerien gesehen. Die meiste Zeit war ich in der Hauptstadt Bandar Seri Begawan. Die Straßen, Häuser und Parks sind recht großzügig gebaut. Gefallen hat mir die Moschee Omar Ali Saiffudin, diese ist auch nachts schön beleuchtet worden. In der Nähe dieser Moschee wohnen ein paar Tausend Leute in Häusern, die im Wasser auf Holzpfählen gebaut sind. Auch die Schulen sowie die Kneipen, einfach alle Gebäude, sind auf Pfählen daraufgebaut. Man kann von Haus zu Haus gehen indem man über kleine schmale Holzbrücken geht. Manche Häuser sind nur mit einem Boot zu erreichen. Der Staat Brunei hat schon öfters versucht, diese Leute umzusiedeln. Aber bisher hat es noch nicht geklappt, da diese Menschen nicht woanders wohnen wollen. Man nennt dieses Gebiet Kampung Ayer. Es macht Spaß, das anzuschauen und sich mit dem Boot herumfahren zu lassen.

Brunei ist ein kleines und zugleich reiches Land, da viel Öl exportiert wird. Eine Besonderheit ist, das niemand Steuern zu bezahlen braucht. Zudem erhält jeder eine Staatsrente, ohne jemals Beiträge in eine Rentenversicherung einbezahlt zu haben. Ach ja und bevor ich es vergesse, die ärztliche Versorgung ist auch kostenlos. Dies ist alles nur möglich, weil sehr viel Geld durch den Verkauf von Öl in das Land fließt.

Die Frauen in Brunei laufen oft verschleiert herum. Das heißt ein Kopftuch verhüllt die Haare. Das obligatorische Kopftuch trägt nahezu jede, sowie einen schönen farbenfrohen Rock, der bis zu den Knöcheln hinuntergeht. Manche Frauen tragen sogar einen Schleier über dem Gesicht, so das man nur die Augen sieht. Positiv an Brunei ist, das es überall sauber und gepflegt aussieht. Zudem gibt es keine Bettler und Schlepper was angenehm war. Aufgefallen ist mir auch, dass fast alle Leute neue Autos fahren. Kleinwagen und Mittelklasse PKW? Sieht man selten.

Von der Hauptstadt Bandar Seri Begawan bin ich mit einer Fähre wieder weitergereist nach Malaysia in den Landesteil Sabah.

## Kapitel XI  Philippinen

Am 15. Dezember 1993 ging der Flug von Thailands Hauptstadt Bangkok mit einer ägyptischen Fluggesellschaft auf die Philippinen. Gelandet sind wir in Manila. Ursprünglich war geplant, sechs Wochen im Lande zu bleiben. Aber es hat mir so gefallen, dass ich meinen Rückflug immer wieder verschoben habe. So sind im Endeffekt aus sechs Wochen eben elf Wochen geworden. Bereist wurden in dieser Zeit die folgenden Gebiete. Luzon, Taal Vulkan, Insel Palawan und Cuyo sowie Panay, Insel Negros, Boracay und Tablas. Somit habe ich noch nicht einmal die Hälfte der Philippinen bereist. Die Währung auf den Philippinen heißt Peso. Für einen US Dollar erhält man ungefähr 27 Pesos. Der Aufenthalt im Lande hat mich ungefähr 1.700 US Dollar gekostet.

Insel Palawan
Jeepney auf der Fahrt
von der Ortschaft Roxas nach Salvacion

Das erste, was jedem Tourist in Manila wohl auffällt, sind die Jeepneys. Das sind etwas groß geratene und oft chromblitzende Autos. Diese fungieren als Bus. Im Innern so eines Jeepneys geht es eng zu. Man kann diese Jeepneys per Handzeichen überall stoppen. Auf der Frontscheibe des Fahrzeugs ist ein Schild. Darauf ist das Fahrziel angeschrieben. Der Zahlvorgang in so einem Wagen ist außergewöhnlich. Das Fahrgeld wird einfach der Person gegeben, die vor einem sitzt. Dann wandert das Geld durch viele Hände bis zum Fahrer. Der gibt das Wechselgeld auf gleichem Weg zurück. Übrigens, der Fahrer nimmt das Geld an und gibt das Wechselgeld heraus, ohne das Fahrzeug abzustoppen. Zudem hat der Fahrer zum Herausschauen nur ein begrenztes Sichtfeld, da ein großer Teil der Frontscheibe von Aufklebern verdeckt ist. Es ist wirklich verwunderlich, dass ich während meiner ganzen Zeit keinen Autounfall gesehen habe.

An meinem ersten Tag in Manila war ich im Rizal Park. Dort sind viele Springbrunnen und die Anlage ist ziemlich groß. Aufgefallen sind mir die Bettler sowie die armen verschmutzten Straßenkinder.

Schon am zweiten Tag ging die Reise per Bus in das Gebiet Luzon. Die Fahrt führte durch die Städte Santa Rosa und Lagawe nach Banaue. Das hat neun Stunden gedauert. Die Straßen waren oft voll mit Geröll und teilweise überschwemmt. Aber im Vergleich zu den Straßen (oder soll ich doch besser sagen Feldwegen?) in anderen Gebieten waren diese noch einigermaßen gut. An diesem erst zweiten Tag habe ich das eben noch nicht gewusst.

Da Banaue in den kühlen Bergen liegt, war zuerst mal der Kauf eines Pullovers fällig. Das interessante in der Nähe von der Stadt Banaue sind die Reisterrassenfelder der Ifugao Stämme. Diese Terrassenfelder sind über 2000 Jahre alt und in die Berghänge hineingebaut. Ein Labyrinth von Fußpfaden geht durch diese Felder hindurch. In meinem Reiseführer steht die Länge aller Fußwege zusammen sollen 20.000 Kilometer ergeben. Ob das nicht ein Druckfehler ist?

Von der Stadt Banaue führt eine gut ausgebaute Straße zu einem Berggipfel. Dort ist die Aussicht lohnenswert. Von hier aus kann man entweder die Straße wieder zurücklaufen oder auch die Fußpfade quer durch die Reisfelder benützen. Rate mal, was ich gemacht habe? Von dem Berggipfel aus habe ich natürlich versucht durch die Reisfelder zurück in die Stadt zu laufen. Einen der Einheimischen für ein übertriebenes Honorar als Führer mitnehmen? Wozu? Ausgestattet mit einer sehr guten Karte mit Beschreibung der Umgebung ging es los. Zwei andere Touristen haben mich begleitet. Zuerst ging es lange nur steil abwärts. Dann wurde es etwas komplizierter. In dem Reiseführer stand: drei Reisterrassen abwärts laufen. Dann links 400 Meter weit bis zu einem Baum mit roten Blättern. Dort zwei Reisterrassen hochklettern. Anschließend einem kleinen Bach folgen bis zu einem großen Stein. Hier wieder vier Terrassenfelder hinunter klettern. Und so weiter und so fort.

Nach einer Stunde haben die zwei anderen Touristen Angst gekriegt, dass wir uns verlaufen. Also sind diese zurückgekehrt. Ich laufe dann alleine weiter. Wieder eine Stunde später habe ich nicht mehr sicher gewusst wie es weitergeht. Also wieder zurück. Das war nicht einfach, denn die Stufen der Terrassen sind teilweise zwei bis fünf Meter hoch. Beim Hochklettern sieht man leider immer nur eine, und zwar die nächsthöhere Reisterrasse. Beim Zurücklaufen zur Straße treffe ich zufälligerweise zwei Kinder. Für ein bisschen Geld sind die zwei Jungs bereit, mich durch die Reisfelder hindurch in die Stadt Banaue zu bringen. Das war vielleicht anstrengend. Ein paar Reisterrassen rauf, anschließend ein paar runter klettern. Dann hüfttief durch einen kleinen Fluss. Nun wieder steil bergauf. So steil, dass man sich mit Händen und Füßen überall festhalten musste. Der aufkommende Regen hat dann auch noch alles schön glitschig gemacht. Mehrmal bin ich wadentief im Schlamm gesteckt. Beim Herausziehen meiner Füße aus einem Schlammloch hat öfters mein Schuh gefehlt. Dieser steckte nämlich im Schlammloch drin.

In immer kürzeren Abständen sind dann die Buben stehengeblieben und haben sich gegenseitig mit großen Augen angesehen. Was war passiert? Sie hatten sich prompt verlaufen! Mehrmals kletterten wir gemeinsam den Weg zurück, wie wir gekommen waren und versuchten andere Abzweigungen. Diese stellten sich als Sackgassen heraus oder als der falsche Weg. Dann erklärten mir die Kinder, ich solle an einer Weggabelung warten. Sie würden den richtigen Weg suchen und dann zurückkommen, um mich zu holen. Das hat sehr lange gedauert. Auch andere zufällig vorbeikommende Kinder wurden um Rat gefragt. Da der Regen zudem immer stärker wurde, hat uns alle eine Frau in ihre nahegelegene Hütte eingeladen. Nach dem Regenguss haben sich meine zwei Reiseführer von anderen Kindern den richtigen Weg zeigen lassen. Spätabends kamen wir dann endlich in der Stadt Banaue an. Das war ein Erlebnis! Ich habe den zwei Kindern trotzdem die vereinbarte Summe gegeben. Schwamm drüber! Das Geld hatten sie sich auch schwer verdient.

Die nächsten Tage hatte ich allerdings einen kräftigen Muskelkater. So einen starken Muskelkater hatte ich noch nie in meinem Leben. Er war so stark, dass ich beim Treppen steigen, mich mit den Händen am Geländer abstützen musste.

Am nächsten Tag hat mich eine Philippinin langsam schlurfend durch die Gassen laufen sehen. Sie fragte mich wegen meiner komischen Laufbewegung, ob ich seit meiner Geburt körperbehindert sei oder ob ich im Laufe meines Lebens einen Unfall gehabt hatte. Da musste ich laut lachen. Ich erklärte ihr, dass ich vom Laufen und Klettern in den Reisfeldern einen starken Muskelkater habe. Darauf musste sie auch lachen.

Abends einmal habe ich dann gesehen, wie ein Mädchen auf ganz außergewöhnliche Art Hühner tötet. Sie legte das an den Füßen gefesselte Huhn auf Ihren Schoß. Nun rupfte sie dem Tier die feinen Nackenfedern aus. Dann wurde dem Huhn eine lange Feder vom Flügel ausgerissen. Anschließend stach das Mädchen dem Huhn mit dem Federkiel in den Nacken. Da floß kein Tropfen Blut. Zudem starb das Tier so schnell, dass es nicht einmal mehr zum Gackern kam. Ich nehme an, das der Kiel direkt durch den Nacken in das Gehirn des Huhnes eingedrungen ist.

Von den Banaue Reisterrassen ging die Reise mit dem Bus weiter nach Bontoc. Die Straße war ein schlechter Feldweg. Immer wieder floß ein Bach quer über den Fahrtweg. Rechts neben der Straße war der Berg und links ging es steil bergab. Manchmal mehrere Hundert Meter tief. Straßenpfosten oder Leitplanken? Nicht

vorhanden. In tieferen Schlammpfützen ist der Bus ab und zu steckengeblieben. Dann haben die Räder durchgedreht. Aber irgendwie hat es der Fahrer doch immer wieder geschafft, den Bus frei zu bekommen. Die Straße wurde schlechter und schlechter. Es lagen immer mehr Steine und kleinere Felsbrocken auf dem Fahrtweg. Die Schlammlöcher wurden auch größer und kamen in immer kürzeren Abständen. Streckenweise fuhren zwei Bulldozer vor uns her, um Geröll und Steine von der Straße wegzuschieben. Dann sind wir doch im Schlamm steckengeblieben. Alle Fahrgäste sind ausgestiegen, um den Bus leichter zu machen.
Aber das hat auch nichts genützt. Da kam ein Jeep mit Allradantrieb des Weges. Sogar der blieb im Schlammloch stecken. Wir Businsassen haben den Jeep gemeinsam wieder flott gemacht, indem wir ihn aus dem Matsch herausgeschoben haben. Nun wurde ein dickes Seil zwischen dem Jeep und dem Bus befestigt. Die zwei Fahrzeuge gaben Gas und die Räder drehten durch. Auch als wir Businsassen mit am Seil zogen rührte sich nichts. Der Bus kam einfach nicht vorwärts. Was tun? Die Filipinos beschlossen viele Steine und Geröllbrocken in das Schlammloch zu schmeißen. Dann fuhr der leere Bus weit zurück und holte Schwung. Nach vielen zuerst erfolglosen Versuchen, hat es dann doch noch geklappt. Mit viel Gefühl fuhr der Busfahrer durch die Schlammpfütze hindurch. Alle waren froh und stiegen wieder in den Bus ein. Die Reise ging weiter. Allerdings nicht weit. Ein Erdrutsch hatte die Straße unpassierbar gemacht. Auf einer Strecke von 20 Metern lag meterhoch Erde und Geröll. Auf der anderen Seite des Geröllhaufens standen auch schon Fahrzeuge und Leute herum. Also, was lag da näher, als einfach die Fahrzeuge zwischen dem Erdrutsch zu tauschen? Wir nahmen unser Gepäck und liefen über den Erdhaufen auf die andere Seite. Dort stand unter anderem auch ein kleiner Jeepney. Dieser konnte glücklicherweise auf der engen Straße wenden und brachte uns weiter in die Stadt Bontoc. Die Reise von Banaue nach Bontoc war aufregend und man könnte so etwas in Europa wohl selten erleben.

Auch in Bontoc war es recht kühl. Ohne Pullover lief gar nichts. Das Gute an der Kälte ist, dass man sehr gut und lange schlafen kann.
Immer noch mit Muskelkater ging die Fahrt durch die sehr schöne Berglandschaft Luzons weiter in das Dorf Sagada. Dort bin ich einige Tage geblieben, weil es viel zum Besichtigen gab. Wie zum Beispiel Höhlen. In der Nähe von Sagada gab es auch Bäche mit schönen Wasserfällen. Zudem waren hier malerisch gelegene Reisfelder. Vor 40 Jahren hatte hier ein Fotograf gelebt. Die Bilder von diesem Mann konnte man in einer Ausstellung bewundern. Das waren hauptsächlich Aufnahmen von der Landschaft und von den Menschen hier. Auf vielen Bildern sind die Leute während der Tagesarbeit fotografiert worden. Das waren tolle Bilder.

Nun ein bißchen zu dem Totenkult hier in der Gegend.
In der Lumianghöhle ist innen ein Friedhof. Die Toten kommen in kleine Holzsärge. Diese Särge werden hoch oben im Innern der Höhle an der Wand befestigt. Da es aber immer wieder heftige Unwetter gibt, fallen viele Särge herunter und brechen auf. Man sieht daher Menschenskelette und Totenköpfe herumliegen.
Eine andere Höhle hieß Sumaging. Diese habe ich zusammen mit einer freundlichen

Gruppe von Filipinos besichtigt. Im Innern der Höhle floss ein Bach. Immer wieder stürzte das Wasser in Kaskaden von einem Becken in das nächste. Das sah sehr schön aus. Teilweise war es nur mit Hilfe eines mitgebrachten Seiles möglich, noch tiefer in die Höhle einzudringen. Streckenweise sind wir auch bis zum Bauchnabel durch Wasser gewatet. Das alles hat mich an eine ähnliche Höhle auf der Insel Borneo im Gunung Mulu Nationalpark erinnert. Abends haben mich dann die Filipinos zum Essen eingeladen.

Am nächsten Tag bin ich zusammen mit meinen philippinischen Freunden weitergereist nach Baquio. Den ersten Teil der Fahrstrecke sind wir auf dem fahrenden Bus oben auf dem Dach gesessen. Dort war die Aussicht optimal. Immer wieder mussten wir uns auf dem Dach recht klein machen, da Äste und was weiß ich, was das immer für Kabel waren, ziemlich nahe über das Busdach streiften. Dann blieb der Bus stehen und der Fahrer bat uns in das Innere des Busses. Hier fühlte ich mich ehrlich gesagt auch etwas sicherer. Denn auf dem Dach oben sitzend, konnte man sich nur schlecht festhalten. Und neben der Straße ging es teilweise gleich sehr tief nach unten.

Meine Freunde hatten in Baquio ein ganzes Haus gemietet. Ich erhielt das nette Angebot dort die nächste Zeit zu übernachten. Die folgenden paar Tage hatte ich Gelegenheit mehrere typische philippinische Gerichte zu essen. Die Leute kochten für mich.

Eine der Speisen hieß Hund. Dieses zu essen, ist normalerweise verboten. So konnte ich leider von dem Marktstand wo die gebratenen Hundeköpfe gelegen sind, kein Bild machen. Die Einheimischen behaupten, wenn das Wetter kühl ist, sei es gut, einen Hund zu essen. Das Fleisch hat einen recht intensiven Geschmack. Insgesamt muss ich sagen das Hundefleisch hat mir nicht gemundet. Irgendwie war es hart und zäh, da es wohl ein alter Köter war und es hatte einen bitteren Nachgeschmack.

Die nächste Delikatesse war ein Tag altes gebratenes Hühnerküken. Dieses wird übrigens von manchen Leuten komplett, das heißt mit Kopf und Kragen sowie Knochen verzehrt. Das Küken schmeckte mir sehr gut. Allerdings habe ich dann doch die Knochen abgenagt und habe nur das Fleisch gegessen. Viel Fleisch war nicht an so einem Küken dran, denn zum Beispiel schon eine Wachtel ist deutlich größer als ein Hühnerküken, das erst einen Tag alt ist.

Die Krönung der philippinischen Küche ist allerdings Balut. Diese Speise gab es überall im Lande zu kaufen. Das habe ich natürlich auch probiert. Es soll übrigens gut für die männliche Potenz sein, was ich im Nachhinein nicht bestätigen kann. Was ist nun Balut? Man nimmt ein befruchtetes Hühnerei und bebrütet es viele Tage lang. Ein paar Tage bevor das Küken schlüpfen sollte, nimmt man das Ei aus dem Nest und kocht das Ei ganz normal mit Wasser in einem Topf. Dann macht man die Schale weg und isst das innere des Eis komplett auf.
Das beste ist, man schließt die Augen bevor man anfängt zu essen. Sonst vergeht einem vielleicht der Appetit. Denn nach dem Brütvorgang ist das Küken in dem Ei

schon so groß, dass es circa 2/3 des Innern von dem Ei ausfüllt. Alles in allem schmeckt Balut ähnlich wie Hühnersuppe, die nicht gesalzen oder gewürzt wurde. In Baquio gab es vieles zu besichtigen. Lohnenswert war der sogenannte Minenaussichtspunkt und das Schloss Mansion. Gefallen hat mir auch der recht lebhafte Stadtmarkt. Ein bisschen außerhalb von Baquio waren die „Asin heißen Quellen". Dort war es angenehm zu baden. Um das Freibad herum war viel Grün und ein Gebirgsbach. Den Weihnachtsabend feierte ich auch in Baquio. Lustig ist, das die hier auch deutsche Weihnachtslieder in deutscher Sprache singen, wie zum Beispiel Stille Nacht, Heilige Nacht und Ähnliches. Allerdings mit einem philippinischen Akzent, aber das macht ja nichts. Abends gehen Kinder von Haus zu Haus und singen Weihnachtslieder. In manchen Häusern sind geschmückte Weihnachtsbäume aufgestellt. Also, alles ähnlich wie in Deutschland, nur eben kein Schnee. Die Filipinas kochen zum Fest viele verschiedene Sachen. Es gibt Krabben, Krebse, Fische und natürlich Reis. Zudem viel frisches Obst.

Nach dem Weihnachtsabend wurde ich am darauffolgenden Morgen noch mal großzügig bewirtet. Dann begleiteten mich meine Freunde zum Busbahnhof. Dort verabschiedete ich mich um die Reise in die historische Stadt Vigan fortzusetzen. Hier gab es noch viele alte spanische Gebäude aus der Zeit, wo die Philippinen von den Spaniern besetzt waren. Zudem sieht man häufig Pferdekutschen. Diese werden als Taxis benützt. Gefallen hat mir die alte Kirche aus Stein in Vigan mit dem Namen Kathedrale von Sankt Paul. Nebenan befand sich ein kleiner Park.

Das nächste Ziel nach Vigan hieß Taal Vulkan. Dieses liegt ungefähr 100 Kilometer von Manila entfernt. Der Taal Vulkan und die Umgebung müsste vom Flugzeug aus interessant aussehen. Denn zuerst einmal ist da ein großer See, auch genannt Taal See. Inmitten dieses Sees ist eine Insel. Auf dieser Insel befindet sich wieder ein See. Dieser ist mit schwefelhaltigen Wasser gefüllt. Am Rande des Sees sieht man Rauchschwaden von Schwefel aufsteigen. Beim Schnorcheln in diesem warmen See hat man außer einer gelblichen Brühe nichts gesehen. In diesem Schwefelsee war dann noch einmal eine kleine Insel. Der Vulkan war das letzte Mal 1962 aktiv. Seitdem ist es nicht mehr zu einer Eruption gekommen. Auf dem Rückweg von der Insel mit dem Boot zu dem Hafen kam ein Unwetter auf. Der Wind sorgte für hohe Wellen. Immer wieder schwappte Wasser in das Boot. Außerdem hat es geregnet. Als wir endlich ankamen, waren wir naß bis auf die Knochen. Aber das war nicht schlimm. Denn die Kamera war in einer Plastiktüte und gekentert sind wir ja glücklicherweise auch nicht.

Zum Silvesterabend ging es zurück in die Hauptstadt Manila. Wie feiert man Silvester in Manila? Er wurden vereinzelt Leuchtraketen abgeschossen. Aber am meisten sind Knallkörper gezündet worden. Kleine und wohl selbst gebastelte große Knaller. Es herrschte ein unglaublicher Lärm. Man sah den Rauch von dem verbrannten Pulver aufsteigen. Das hat so ausgesehen, als ob die Stadt von Artillerie beschossen würde. Nach der lauten Silvesternacht wurde Manila besichtigt. Zuerst einmal der Chinesenfriedhof. Die reichen Chinesen, die hier beerdigt werden, glauben an ein Leben nach dem Tode. So ist der Friedhof wie eine Stadt gebaut.

Es gibt Straßen und Häuser. In den Häusern sind Steinsärge. Darin befinden sich die Toten. Die Wohungen haben Fenster und Türen. In den Häusern sind teilweise Toiletten, Waschbecken, Wohn- und Schlafzimmer, sogar ab und zu Klimaanlagen. Sobald der Tote wieder zum Leben erwacht, soll es ihm an nichts fehlen. Es war schon komisch, auf diesem außergewöhnlichen Friedhof herumzulaufen. Es sah im Prinzip wie in einer menschenleeren Stadt aus.

Dann führte mich mein Weg in die Slums von Manila, in den Bezirk Tondo. Dort ist viel Schmutz und die Häuser sind richtige Bruchbuden. In die kleinen verwinkelten Seitenstraßen habe ich mich alleine nicht hineingewagt. Auf den Märkten verkaufen die Slumkinder Plastiktüten. Diese werden von Hausfrauen und noch häufiger von ahnungslosen Touristen gekauft, um die Nahrungsmittel nach Hause zu transportieren. Warum schreibe ich „ahnungslose Touristen?" Tja, wo sind die Plastiktüten wohl her? Die Slumkinder suchen und finden sie am nahe gelegenen Müllplatz. Dann werden die Tüten notdürftig gewaschen, getrocknet und verkauft.

Imposant ist in Manila auch das Intramuros. Dieses mehrere Quadratkilometer große Gebiet ist eine alte Festung. Sie ist von einer dicken Mauer umgeben. Im Innern sind einige schöne historische Gebäude, wie zum Beispiel die San Augustin Kirche oder die Kathedrale.

Nach ein paar Tagen Manila führte die Reise per Boot weiter auf die schöne Insel Palawan. Dieses Gebiet wird auch „die letzte Grenze" genannt. Die Bootsfahrt dauerte 24 Stunden. Das Boot war ein altes Schiff, das komplett aus Holz gebaut war. Der Steuerraum war notdürftig mit Instrumenten bestückt. Es gab eine Uhr und einen großen Kompass. Echolot? Fehlanzeige! Dafür stand ein schöner Spruch an der Wand. Nämlich: Gott beschütze unsere Reise! Rettungsboote hatten wir auch keine dabei; hingegen vermoderte Schwimmwesten. Habe ich eigentlich schon erwähnt, dass die meisten Filipinos gar nicht schwimmen können? Auf dem Schiff befanden sich drei Decks. Das unterste war das schlechteste, denn dort stauten sich die Abgase des Motors. Zudem herrschte dort lauter Maschinenlärm. Das beste Deck war das oberste. Denn hier gab es keine Abgase und es war ruhig. Zudem hatte man eine gute Aussicht. Das oberste Deck war an den Seiten komplett offen. Da kann der Wind gut durchblasen. Jeder Passagier erhielt eine Art Feldbett. Das ganze Deck war voll dieser aufgestellten Betten. Es gab keine abgetrennten Kabinen. Männer, Frauen und Kinder schliefen alle friedlich nebeneinander. Manche Fahrgäste hatten auch ihren geliebten lebenden Kampfhahn dabei. Zudem schleppten ein paar Leute ihre eigenen Lebensmittel mit. Insgesamt gesehen ging es an Bord eng zu. Die hygienischen Verhältnisse in den Toiletten und in der Küche des Bootes hätten einen deutschen Lebensmittelpolizisten sicherlich nachhaltig beeindruckt. An Deck war es auch nicht sauber. Eine Mutter hatte ein Bett direkt an der Reling. Als ihr Kind pinkeln musste hat sie es nicht über Bord in das Meer, sondern in den Gang urinieren lassen. Das hat überhaupt niemand gestört. Da das Boot so geschaukelt hat, haben sich mehrere Kinder übergeben müssen. Und wo haben manche hingespuckt? Genau, in den Gang und nicht über Bord. Für normale deutsche Touristen ist dieses Verhalten nicht so einfach zu verstehen.

Während der Fahrt hat man im Meer fliegende Fische gesehen. Die konnten aus dem Meer herausspringen und erstaunlich weit fliegen.

Nach also wie schon erwähnt 24 Stunden Fahrt kam das Boot in dem Hafen El Nido auf der Insel Palawan an. Da es 5 Uhr morgens war und noch nicht hell genug, konnten wir noch nicht in den Hafen einfahren.

El Nido ist ein verschlafenes Dorf. Es gibt dort keine Privatautos. Von 10 Uhr abends bis 6 Uhr morgens gab es keinen Strom, da die Generatoren abgeschaltet wurden. Sehr gut in El Nido sowie überall auf der Insel Palawan war das Essen von Fisch oder Krabben. Eine fertig zubereitete Krabbe kostete 50 Pesos. Für eine DM erhielt man 17 Pesos. Somit hat eine Krabbe etwa 3 DM gekostet. Ein Kilo Frischfisch auf dem Markt kostete je nach Art des Fisches ungefähr 15 bis 40 Pesos. Ein fertig zubereiteter gegrillter Fisch so 20 bis 40 Pesos. So sind die Meerestiere billiger als zum Beispiel Schweinefleisch oder Hähnchen. Aber insgesamt gesehen war das Essen auf den Philippinen (ausgenommen die Meerestiere!) das schlechteste von den asiatischen Ländern die ich bereist hatte. In der Regel war das Essen kalt und nicht oder kaum gewürzt. Früchte wie Ananas, Kokosnuss oder Bananen waren nicht so häufig auf dem Markt erhältlich. Milch und Milchprodukte wie Joghurt oder frischer Käse waren kaum zu bekommen. Dafür gab es auch im letzten abgelegenen Dorf sogenanntes Fast Food, wie zum Beispiel selbstgemachte Hamburger.

Bäckereien gab es dagegen viele. Ein süßes Stückchen oder ein Brötchen kostete einen lächerlichen Peso. Bei dieser ungesunden Ernährung habe ich mich nicht mehr gewundert, warum so viele junge Filipinos schon ein lückenhaftes Gebiss hatten.

Auch in der kleinen Ortschaft El Nido gab es sogenannte Lady-Boys. Das sind Männer die wie Frauen aussehen. Mit dem Spritzen von Hormonen bekommen diese „Männer" einen Busen. Dann werden die Fingernägel lackiert und ein Rock angezogen. Außerdem werden Stöckelschuhe angezogen und man lässt sich eine damenhafte Frisur verpassen. Fertig ist die „Frau". Manche sehen wirklich täuschend echt aus. Oft merkt man den Irrtum erst, wenn man solche Personen reden hört. Denn die Stimme ist und bleibt oft männlich.

Einmal wurde ein Boot gechartert, um einen Tagesausflug in die Umgebung von El Nido zu machen. Das war gut. Es wurden mehrere Inseln besucht. Auf einer kleinen Insel, genannt Pinsail befand sich eine kurze aber sehr hohe Unterwasserhöhle. Es war möglich vom Meer aus mit dem Boot in die Höhle hineinzufahren. Dies war sehenswert. Ansonsten bin ich in El Nido viel geschwommen und geschnorchelt. Hier habe ich auch damit angefangen, ein bisschen Muscheln zu sammeln. Davon gab es ja so viele verschiedene schöne Stücke. Das hat richtig Spaß gemacht. Dauernd haben mir beim Sammeln der Muscheln am Strand Kinder geholfen.

Nach einigen Tagen in El Nido ging die Reise per Boot und Jeepney sowie einmal sogar auf der Ladefläche eines großen Lastwagens weiter nach Sabang. Das Dorf Sabang war noch kleiner als das Dorf El Nido. In der Nähe von Sabang gab es auch eine Höhle. In dieser fließt ein Fluss. Der Fluss in der Höhle ist so groß das man mit dem Boot mehrere hundert Meter weit stromaufwärts in die Höhle hineinfahren kann.

Innen sieht man Tropfsteine und Fledermäuse. Zu Fuß kann man sich in der Höhle überhaupt nicht fortbewegen da überall Wasser fließt. Der Höhleneingang ist nur 50 Meter vom Meer entfernt. Die Gegend um die Höhle herum ist Dschungel und Sandstrand. Nach der Bootsfahrt in der Höhle wurde dann noch ausgiebig im Meer gebadet. Das hat Spaß gemacht. Zum Abendessen gab es dann mal ausnahmsweise kein Meeresgetier, sondern ein delikates Wildschwein. Dieses stammte aus dem hiesigen Dschungel.

An dem Strand von Sabang wurden zudem wieder kräftig schöne Muscheln gesammelt. Anschließend fuhr ich von Sabang weiter in die größte Stadt von der Insel Palawan, nämlich Puerto Princesa. Dort spielen abends in den Restaurants oft Livebands. Diese sind erstaunlich gut. Die Gäste können schriftlich ihren Musikwunsch auf ein Blatt Papier aufschreiben und abgeben. Die Band spielt dann den gewünschten Titel. In den meisten Städten auf den Philippinen spielen in vielen Kneipen und Restaurants diese lokalen Musikgruppen. Sehr oft bin ich abends zu solchen Musikveranstaltungen gegangen. Dies hat mir gut gefallen, auch optisch. Die Philippinen habe ich übrigens teilweise mit Begleitung bereist. Und zwar mit einem Mann aus Schweden und einer Frau aus Holland. Wir waren zusammen ein gutes Team. Des öfteren haben wir aus Spaß zu dritt in einem Hotelzimmer übernachtet. An der Rezeption des Hotels erklärten wir, dass wir eine Familie wären. Die Dame aus Holland ist meine Frau und der Mann aus Schweden ist mein Sohn. Das war lustig, denn ab und zu wurde uns diese Lügengeschichte geglaubt.

In Puerto Princesa gab es ein gutes Restaurant. Dieses wurde ab 9 Uhr abends ohne Vorwarnung in eine Diskothek umgewandelt, was wir natürlich vorher nicht wissen konnten. Mein „Sohn" und ich speisten dort eines Abends. Nach und nach wurde es immer voller. Aber keiner aß etwas. Wir zwei waren die einzigen die speisten. Dann ging es aber plötzlich los. Die Musik dröhnte und um unseren Tisch herum begannen die Leute zu tanzen. Da wir hungrig waren, haben wir schon noch unsere Mahlzeit in der Diskothek beendet.

In der Nähe von Puerto Princesa gibt es das sogenannte Ihawig Gefängnis. Die Gefangenen können dort tagsüber frei herumlaufen und arbeiten auf den umliegenden Feldern. Der Besuch einer Häftlingsanstalt an und für sich hat sich nicht gelohnt. Beeindruckend war allerdings die Metzgerei dort. Als wir ankamen lag ein gerade geschlachteter Büffel in der Tropenhitze unter freiem Himmel auf dem Boden. Auf dem Fleisch saßen die Mücken. Um die Fleischberge herum liefen drei vollgefressene Hunde. Diese schleckten ab und zu mit der Zunge das Blut vom Fleisch ab und schluckten ab und zu einen Brocken. Ich fragte neugierig den Metzger: „Was passiert mit dem Fleisch?" Er sagte: „Das wird in die Stadt an die verschiedenen Restaurants verkauft!" Da kann man nur noch guten Appetit wünschen.

Zu schnell verging die schöne Zeit auf der Insel Palawan. Von der Stadt Puerto Princesa ging es per Boot weiter zur Insel Panay. Auf dem halben Weg dorthin stoppten wir mehrere Stunden auf den kleinen Cuyo Inseln. Dort gab es saubere schöne Sandstrände. Außerdem eine alte Kirche mit dicken Steinmauern aus der Zeit, als die Spanier das Land besetzt hatten.

Auf der Insel Panay stoppte das Boot im Hafen von der Stadt Ilo-Ilo. In der Nähe von Ilo-Ilo haben wir ein paar Nachbarortschaften besichtigt. Keine hatte irgendwelche besonderen Sehenswürdigkeiten. In der Regel waren es halt mehr oder weniger verschlafene Dörfer. Manche Kirchen in der Gegend hier sind komplett aus Korallengestein gebaut. Die schönste war die Kirche in der Ortschaft Molo. Aber ich glaube, dass die Korallen wohl ganz klein zerschlagen werden, bevor man sie zum bauen benützt. Denn die Kirchenmauer sah überhaupt nicht nach Korallen aus, eher wie ganz normale Steine.

Der Grund für den Besuch der Stadt Ilo-Ilo war das sogenannte Dinagyang Festival. Drei Tage und Nächte dauerte dieses Fest. Die verschiedenen Stämme der Insel tanzten in ihren traditionellen Kostümen durch die Straßen der Innenstadt. Begleitet wurden die Tanzenden von lauter Musik, in der Regel Trommeln. Alles war sehr farbenfroh. Auch die Firmen der Stadt schickten ihre ganze Belegschaft geschlossen zum Fest. Einer der Mitarbeiter trug ein großes Schild. Darauf stand der Name der Firma. Diese Firmengruppen zogen tanzend und singend quer durch die Stadt. Überall waren Essensbuden aufgebaut. In diesen drei Tagen des Festes wurde ich dauernd von Filipinos zum Essen eingeladen. Es stimmt wirklich, die Einheimischen sind gastfreundlich und suchen Kontakt zu den Ausländern. An den Kreuzungen der Innenstadt waren große Musikboxen aufgebaut. Hier herrschte ohrenbetäubender Musiklärm. Es tanzten so viele Leute auf der Straße, dass ein Weiterkommen nur noch im Schneckentempo möglich war. Die Stimmung war sehr heiter und ausgelassen. Wenn mich die Einheimischen sahen sagten sie oft: „Hey Joe" So wurde ich übrigens oft auf den Philippinen begrüßt. Das heißt so viel wie: „Hallo Fremder"

In der Stadt Ilo-Ilo gab es viele Diskotheken. Dort waren viele junge freiberuflich tätige Damen. Mehr zu diesem auch interessanten Thema folgt später.

Nach dem Ende des Dimagyang Festes ging die Reise weiter. Von der Insel Panay (Stadt Ilo-Ilo) fuhr ein Boot zur Insel Negros in die Hafenstadt Bacolod. Die Hauptattraktion auf der Insel Negros sind die Zuckerrohrfelder und die alten Dampflokomotiven. Es gibt viele Fabriken, die das Zuckerrohr zu Zucker verarbeiten. Überall sah man Laster und Zugwaggons, die voll mit Zuckerrohr beladen waren. In den Feldern wurde die Ernte nur mit Handarbeit, in der Regel mit einer Sichel ausgeführt. Ab und zu sah man auch einen Wasserbüffel, der einen vollbeladenen zweirädrigen Holzwagen hinter sich herzog. Dieser war mit Zuckerrohr beladen. Das Zuckerrohr sieht ähnlich aus wie Mais. Nur ist die Zuckerrohrpflanze oft deutlich höher, oft so drei bis vier Meter. Die Farbe ist ein kräftiges Grün.

Von der Stadt Bacolod führte mich mein Weg nach Victoria und anschließend nach Cadiz. Dort lernte ich einen netten Filipino kennen. Dieser lud mich zu einem Hahnenkampf ein. Das war eine recht blutige Angelegenheit. Für diese Hahnenkämpfe werden aus Holz überdachte Sportarenen gebaut. Im Innern der Arena ist ein 30 bis 40 Quadratmeter großer Platz. Dieser ist von einer hohen Glaswand umgeben. An einem Abend finden ungefähr 100 Kämpfe statt. Die filipinischen Männer (Frauen haben dort nichts zu suchen) schließen oft hohe Geldwetten ab, in denen sie voraussagen, welcher Hahn gewinnt. Während eines Kampfes herrscht unglaublicher Lärm. Die Männer, die Wetten abschließen, kommunizieren mit Handzeichen. Falls einer seine Wette verliert, muss er eine vorher ausgehandelte Summe bezahlen. Falls er mit seiner Voraussage, welcher Hahn gewinnt, richtig lag, gewinnt er Geld. Das ganze Geld hin und her Geschiebe erfolgt immer erst nach dem Kampf. Ein Filipino würde seine Ehre verlieren, falls er es wagen würde, im nachhinein nicht zu bezahlen, obwohl sein Hahn verloren hat.

Um die Kampfhähne scharf zu machen, wird ein Hahn am Kopf festgehalten und ein anderer Hahn pickt dem Wehrlosen in den Hahnenkamm. Vorher wird dem Hahn ein drei Zentimeter langes scharfes Messerchen um den Fuß gebunden. Nachdem die zwei Hähne gereizt sind, lässt man sie aufeinander los. In der Regel dauert es nur ein paar Minuten und einer der beiden ist tot. Nur selten überleben alle beide. Die Höchstdauer eines Kampfes sind 10 Minuten. Des öfteren habe ich erlebt, dass alle beiden Kampfhähne verblutet sind. Die Filipinos erklärten mir, das ein guter kräftiger Hahn auch schon einmal drei oder vier Kämpfe überleben kann. Ohne das scharfe Messerchen am Fuß würde wohl kein Hahn den anderen töten können. Die getöteten Tiere werden dann einfach weggeschmissen. Die überlebenden und verletzten Hähne kommen zum Tierarzt. Dieser flickt mit Nadel und Zwirn die offenen Bäuche der Tiere wieder zusammen. In der Regel sind die Tiere so verwundet, dass die inneren Organe zu sehen sind. Die Tierärzte haben natürlich alle keinerlei Ausbildung. Für jede Operation erhalten sie ein paar US Dollar. Die Besitzer lassen ihre Hähne nach einem Kampf gerne operieren, denn so ein Tier kann teuer sein. Ein guter Kampfhahn kostet in der Regel so viel wie ein Filipino in ein oder zwei Wochen verdient. Ein sehr guter Kampfhahn ist wesentlich teurer.

Für einen Tierfreund ist so ein Hahnenkampf zum anschauen natürlich nicht zu empfehlen. Aber, was ist eigentlich schöner für ein Tier? Monatelang in einer Legebatterie eingepfercht zu sitzen und nie Tageslicht zu sehen? Und dann doch auch sterben zu müssen, um als Brathähnchen zu enden? Oder so wie ein Kampfhahn, dauernd umsorgt und verpflegt zu werden, oft sogar mit freiem Auslauf? O.K. das Ende eines Kampfhahnes ist nicht so schön, aber bis zu seinem Tode in der Arena hat es der filippinische Hahn auf alle Fälle besser gehabt wie das europäische Huhn in der Legebatterie. Das ist meine Meinung.

Nach dem Hahnenkampf in der Stadt Cadiz fuhr ich nach San Carlos. Dort hatte ich ein nettes Erlebnis. Abends erkunde ich die Innenstadt auf der Suche nach einem Fischrestaurant. Aber das finde ich leider in der ganzen Stadt nicht. So etwas habe ich erstaunlicherweise in den Hafenortschaften auf den Philippinen öfters erlebt. In den Wirtschaften gibt es zum Essen nur Hähnchen, Schwein oder sonstiges Fleisch. Aber leider keinen Fisch oder Krabben. Ich fragte viele Leute nach einem Restaurant, wo man Fisch essen könnte. Alle erklärten mir, so etwas gibt es in unserer Stadt nicht. Ziemlich enttäuscht wage ich einen letzten Versuch. Ich gehe in einen Laden und frage eine Verkäuferin: „Wo kann man in dieser Stadt Fisch essen?" Sie sagte: „Nirgendwo, warum?" Ich sagte darauf: „Schade, denn ich esse Fisch sehr gerne!" Darauf erklärte sie : „Kein Problem. Du kaufst auf den Markt einen Frischfisch. Abends wenn ich Feierabend habe, grille ich dir den Fisch zum gemeinsamen Abendessen!" Ja, ja, die Leute sind hier spontan. Gemeinsam mit ihr bin ich den Fisch kaufen gegangen. Das war der Dame dann allerdings peinlich. Denn alle Leute auf dem Fischmarkt haben uns angeguckt.

Es sind eben selten Ausländer hier in der Gegend. Abends wurde der Fisch verspeist. Dabei hat sie mir noch ihre Freundinnen vorgestellt. Das war ein schönes Erlebnis.

Am nächsten Tag war ein Ausflug zum Kanlaon Vulkan fällig. Die ganze Gegend um den Vulkan ist schön satt grün. Es gibt viele Zuckerrohr-, und Reisfelder. Die Bauern pflügen ihre Felder mit Hilfe von Wasserbüffeln, genannt Karabau. Diese Tiere sind stämmig und haben schwarzes Fell. Die Hörner sind teilweise groß und lang. Karabaus sieht man auf den Philippinen häufig. Sie werden zum Pflügen benutzt oder ziehen eine Holzkutsche hinter sich her. Diese Kutschen haben allerdings manchmal keine Räder, sondern nur vier kurze Holzkufen. Selten werden die Karabaus auch als Reittiere benutzt.

In dem Dorf Kanlaon war ein Markt, wo es viele verschiedene Dinge zum kaufen gab. Wie zum Beispiel Reis, Fische, Früchte, Werkzeuge, Spielsachen und Kleidungsstücke. Immer wieder kam auch ein Essensstand. Auf dem Markt machte ich mehrere schöne Fotos.

Zurück in der Stadt San Carlos wurde anschließend eine große Zuckerfabrik besichtigt. Ein Arbeiter bat mich überraschenderweise auf das Fabrikgelände und stellte mich dem Inhaber vor. Nachdem mich der Chef alles mögliche über Deutschland gefragt hatte, stellte er mir seine drei höchsten Mitarbeiter zur Verfügung. Diese zeigten mir dann stundenlang den ganzen Prozeß der Zuckerherstellung.

Zuerst wird das Zuckerrohr zerhäckselt. Anschließend gekocht, das war dann eine dunkelbraune klebrige Brühe. Nach vielen weiteren Koch-, und Abkühlvorgängen war der Zucker so wie ganz feiner Puderzucker. Bei dem Herumlaufen in der Fabrik sind wir oft mit unseren Dreckschuhen auf Eisengittern quer über offene Riesencontainer mit flüssigem Zucker gelaufen. Immer wieder durfte ich den Zucker probieren. Nach jedem Arbeitsvorgang schmeckte er anders. Ganz zum Schluss sah der Zucker so aus wie bei uns zu Hause im Supermarkt. Er schmeckte auch so. Es war interessant für mich, so etwas einmal anschauen zu können.

Von San Carlos aus ging es in die Universitätsstadt Dumaguete. Dort gibt es zwei gepflegte große Parks. Außerdem sieht man in den Straßen viele junge Leute in ihren oft schmucken Schuluniformen herumlaufen. Nach Dumaguete besuchte ich das Dörfchen Mabinay in den nahegelegenen Bergen. Dort wollte ich übernachten. Aber das einzige Hotel hier kostete für eine Nacht 35 US Dollar. Das war ungefähr das zehnfache von dem, was sonst die anderen Hotels hier kosteten. Aber in Mabinay gab es eben nur dieses eine Luxushotel. Was tun? Zufälligerweise traf ich eine vierzigköpfige Schulmädchenklasse aus der Stadt Dumaguete. Die meisten waren so 20 bis 25 Jahre alt. Die Klasse machte mit dem Bus einen Ausflug nach Mabinay. Ich erhielt das nette Angebot, den Tag zusammen mit den Schülerinnen zu verbringen.

Da konnte ich doch wohl nicht nein sagen? Abends durfte ich dann sogar mit der ganzen Klasse nach Dumaguete zurückfahren.

Diese Fahrt war sehr unterhaltsam. Zum Beispiel sagte eine Lehrerin im Spaß, dass das Mädchen, das neben mir im Bus saß wohl bald meine Freundin sein würde. Die anderen Schulmädchen haben daraufhin alle lauthals gelacht. Dieses war meiner Nachbarin auf der Bank sichtlich peinlich. Aber nichtdestotrotz, abends hat gerade sie mich zu sich nach Hause eingeladen. Der Abend hat uns beiden sehr gut gefallen.

Am nächsten Tag fuhr ich mit dem Bus von Dumaguete nach Bacolod. Dort wurde übernachtet. Dann verließ ich die Insel Negros mit dem Boot. Die Reise führte wieder in die Stadt Ilo-Ilo auf der Insel Panay.

Hier ging es per Jeepney weiter nach Miagao. In dieser Ortschaft befand sich eine wunderschöne alte  Kirche mit Steinmetzarbeiten an den Außenwänden. Die Steine waren hellbraun und es waren kunstvolle Reliefs aus dem Stein herausgemeißelt. Selten gab es so alte schöne Kirchen zu besichtigen.

Die nächste Station der Reise hieß Culasi. In der Nähe dieser Ortschaft gibt es einen schönen Berg, genannt Madja-As. Die ganze Gegend hier ist dünn besiedelt. Die bergige Landschaft ist dicht bewaldet. Von der Stadt Culasi aus sieht man mit bloßem Auge mehrere große Wasserfälle in den nahen Bergen. Ich schätzte die Entfernung auf maximal zehn Kilometer. Gerne hätte ich das aus der Nähe angesehen. Aber ohne Führer wäre das vielleicht schwierig zu finden gewesen.

Ich habe bestimmt mehr als ein Dutzend Einheimische gefragt, ob sie schon einmal bei dem Wasserfall waren. Die Antwort war immer dieselbe. Nämlich: „Ich war noch nie dort. Ich kenne auch niemanden aus unserer Ortschaft, der jemals dort in den Bergen war!" Allerdings, vor ein paar Jahren soll eine ausländische Forschergruppe schon einmal in dem Gebiet gewesen sein. Für uns Europäer ist die Verhaltensweise der Filipinos unverständlich. Junge Männer mit denen ich gesprochen habe, waren oft arbeitslos. Die hätten also genug Zeit, um die Gegend zu erkunden. Aber sie machen es nicht. Auf meine Frage warum, kamen oft die gleichen Antworten wie zum Beispiel: „Was soll ich in den Bergen?" oder „Meine Freunde waren ja auch noch nie dort!" oder „Bei der Hitze laufe ich doch nicht!" Die Einheimischen haben überhaupt kein Interesse, ihre nächste Umgebung zu erkunden. So eine Einstellung habe ich bei den Leuten auf den Philippinen öfters festgestellt.

In dem Hotel in der Ortschaft Culasi wo ich abgestiegen bin, arbeiteten zwei Mädchen. Eine war wohl acht, die andere schätzungsweise zwölf Jahre alt. Die Eltern dieser Mädchen wohnten dort irgendwo in diesen Bergen. Die Besitzerin des Hotels sagte zu mir ab und zu gehen diese zwei Kinder zu Fuß alleine zu Ihren Eltern in die Berge. Dann seien sie eine Woche lang weg. Es ist wohl ein langer Fußmarsch. Noch nie habe jemals ein Erwachsener der Ortschaft Culasi die Kinder begleitet. Dazu hätte halt keiner Lust.

Übrigens, vielleicht sollte ich noch ein paar Sätze niederschreiben über die Bezahlung und Arbeit der Mädchen. Die zwei Kinder aus den Bergen haben geputzt und gekocht. Außerdem auf die anderen Kinder der Hotelfamilie aufgepaßt. Dafür erhielten sie als Gegenleistung nur freie Kost und Logis. Geschlafen haben sie nicht in einem extra Zimmer, sondern im Gang des Hotels. Auch viele Privatleute haben solche Haushälterinnen. Aber ich meine das Wort Sklavin würde die Situation treffender darstellen. Immer sind die Sklavinnen Mädchen. Meistens noch Kinder. Selten ist einmal eine älter als 18 Jahre. Die Privathaushalte besitzen oft für jedes eigene Kind eine eigene Babysitterin. Die Kinder, die da ohne Geldbezahlung eine Arbeit annehmen, stammen meistens aus sehr armen Familien. Eine Schule von innen haben solche Kinder wohl noch nie gesehen. Englisch reden können sie oft auch nicht, obwohl die Sprache Englisch auf den ganzen Philippinen sehr verbreitet ist. Die Eltern, die ihre Töchter als sehr billige Arbeitskraft hergeben, sind wohl auch froh einen „Esser" weniger zu Hause zu haben. Solche Haushälterinnen sind überall im Lande gang und gäbe.

Von Culasi fuhr ich mit einem Jeepney nach Caticlan. Dann verließ ich die Insel Panay. Meine Reise ging weiter zur kleinen Insel Boracay. Diese Überfahrt habe ich noch in guter Erinnerung. Das Boot war ziemlich klein, so zirka 6 Meter lang. Es herrschte schlechtes Wetter und ein starker Wind. So gab es hohe Wellen. Immer wieder schwappte Wasser in das Boot. Ich bekam etwas Angst, dass meine Ausrüstung nass werden könnte. Also gab ich kurzerhand dem Nebensitzer im Boot meine Kamera. Ich bat ihn, die Kamera über seinen Kopf zu halten, damit sie nicht naß wird, wenn die nächste höhere Welle kommt. Dann schnappte ich meinen 10 Kilo Rucksack und hob ihn mit ausgestreckten Händen über meinen Kopf. Kurz darauf kam sie, die von mir geahnte große Welle. Alle Leute welche nahe am Bootsrand saßen inklusive mir, waren von Kopf bis Fuß nass. Was habe ich da lachen müssen! Denn so ein Glück, meine ganze Ausrüstung blieb trocken. Vor allen Dingen meine Fotokamera.

Die Insel Boracay entpuppte sich als eine stark von Touristen bevölkerte Insel. Sehr schön war der fast weiße immer saubere Sandstrand. Es gab hier viele junge freiberuflich tätige Damen. Die jüngsten waren wohl so 14 bis 16 Jahre alt. Die Paare, die sich hier gefunden hatten sahen schon sehr unterschiedlich aus. Ich möchte mal ein typisches Liebespaar schildern.

Er: 40 bis 60 Jahre alt, Nationalität Europa, ungepflegtes Aussehen, Dreitagesbart, Glatze, dickbäuchig, des öfteren besoffen, (reich, im Vergleich zu den Einheimischen, ungebildet im Vergleich zu einem anderen Normaleuropäer)

Sie: 15 bis 20 Jahre alt, Nationalität Filipina, sehr gepflegt, schöne lange schwarze Haare, schlank, tolle Figur, langbeinig, sexy, (arm, im Vergleich zu einem Europäer)

Warum diese jungen Mädchen solche alte Knacker zum Freund gehabt haben, war mir rätselhaft. Solch unterschiedliche Paare gab es natürlich auf den anderen von vielen Touristen frequentierten Orten auch.

Nach drei Tagen Boracay fuhr ich mit dem Boot weiter zur Inselgruppe Romblon auf die Insel Tablas. Dort blieb ich in der Stadt San Augustin hängen. Es hat mir so gefallen, dass ich zwei Wochen lang geblieben bin. Warum so lange? Das möchte ich im folgenden Abschnitt schildern. In der Stadt San Augustin gab es keinen anderen Ausländer außer mir. Es gab nur ein Hotel dort und da war ich die ganze Zeit der einzige Gast. Die Stadt San Augustin ist eigentlich nur ein kleines Fischerdorf. Schon an meinem ersten Tag hier lernte ich eine Gruppe von sehr gesprächigen Mädchen kennen. Zwei Schwestern aus dieser Gruppe luden mich gleich zu sich nach Hause ein. Diese Familie ist elfköpfig. Alle Kinder der Familie, die nicht mehr zur Schule gehen, sind arbeitslos. Der Vater verdient als Beamter 90 Pesos am Tag. Das ist verglichen mit Europa nicht viel, denn für einen US Dollar erhält man 27 Pesos. Die Mutter verkaufte für Pfennigbeträge in einem kleinen gemieteten Laden selbstgemachte Süßigkeiten an Schulkinder. Obwohl die anderen Leute im Dorf auch oft arm waren, bin ich nie angebettelt worden. Das fand ich gut. Diese arme vielköpfige Familie hat mich oft zum Essen eingeladen. Zuletzt habe ich sogar bei Ihnen übernachtet. Ich wollte den Leuten für ihre Gastfreundschaft kein Geld geben. Denn wer weiß, vielleicht kauft sich der älteste Sohn davon doch nur eine Flasche Schnaps. Ich habe mich anders für die Gastfreundschaft revanchiert.

Meistens aß die ganze Familie Reis und Trockenfisch. Dieser nicht gut schmeckende Fisch war sehr billig. Eine Plastiktüte voll kostete nur unglaubliche 3 Pesos. Mit drei bis vier Tüten Inhalt konnte sich schon die ganze Familie satt essen. Ein Kilo Frischfisch am Markt kostete dagegen je nach Art des Fisches so 20 bis 40 Pesos. Das war zu teuer für die Familie. Habe ich schon erwähnt, dass es in San Augustin leider auch keine Wirtschaft gab, wo man Fische und Krabben essen konnte?

Was denkst Du was ich nun wohl jeden Tag gemacht hatte? Ich habe 1 bis 2 Kilo frischen Fisch gekauft und bin bei der netten Familie aufgetaucht. Die Töchter haben dann den Fisch zubereitet. Anschließend wurde gemeinsam gegessen. Die restlichen Zutaten der Mahlzeit wie Reis und Gemüse spendierte die Familie. Das war o.k. so. Vor allem die kleinen Kinder haben bei dem Fisch, den sie sonst nur selten zu essen bekommen, kräftig zugelangt.

Wie ich ja schon einmal erklärt habe, kennen sich viele Filipinos nicht einmal in ihrer nächsten Umgebung aus. So auch der Hotelbesitzer. Dieser ist übrigens in San Augustin aufgewachsen und war wohl so 40 Jahre alt. In meinem Reiseführer stand das in der Nähe des Dorfes im Landesinnern ein schöner Wasserfall sei. Der Hotelbesitzer hatte davon keine Ahnung. Er sagte wenn es irgendwo Wasserfälle gäbe, dann bestimmt nur mehrere Tagesmärsche von hier entfernt. Ein paar Kinder, die ich fragte, wussten da schon mehr. Tatsächlich waren drei schöne Wasserfälle im Landesinnern der Insel. Der Fußmarsch dorthin dauerte zwei Stunden. Die Wasserfälle habe ich sogar ohne Begleitung gefunden. Abends fragte mich der Hotelbesitzer: „Wo warst Du heute?" Ich sagte: „Zu Fuß alleine bei den Wasserfällen. Soll ich dir den Weg zeigen?" Er wollte natürlich nicht, denn es war zu heiß. Außerdem, was solle er dort? Seine Freunde seien ja auch noch nie bei den Wasserfällen gewesen. Die Interesselosigkeit mancher Filipinos an ihrer eigenen Heimat und der allernächsten Umgebung fand ich immer wieder unglaublich.

Am Strand in der Nähe von San Augustin wurden viele Muscheln gesammelt. Die Fischerkinder hatten viel Spaß, mir dabei zu helfen. Die meisten der Kinder gingen nicht zur Schule. Somit war denen schlicht und einfach oft langweilig. Da ist so ein Rucksacktourist wie ich eine willkommene Abwechslung. Wenn ich durstig wurde, kletterten die Kinder auf einen der vielen Kokosnussbäume hinauf, um ein paar junge Kokosnüsse zu ernten. Das war lecker. Frischer ging es ja auch nicht.

Nachdem die Kinder mitgekriegt hatten, dass ich mich auch für lebende Tiere interessiere, passierte oft Folgendes. Ich sitze geruhsam im Schatten eines Baumes am Strand. Die Kinder sehen mich und schwärmen zur Jagd aus. Nur mit den Händen fangen sie Tiere und bringen sie mir zur Begutachtung. Manche steckten ihren Fang sogar in eine Wasserflasche. Und was haben sie nicht alles gefangen! Fische in den unterschiedlichsten Formen und Farben. Manche Fisch waren intensiv gelb oder rot gestreift. Andere hatten spitze Stacheln am Rücken. Einer war besonders interessant. Der sogenannte Kugelfisch. Bei Berührung hat er sich kugelrund aufgeblasen und böse geguckt. Außerdem brachten sie mir viele verschiedenfarbige Seeigel und Seesterne. Eine Seesternart hatte eine kräftige blaue Farbe. Gezeigt wurden mir auch zehn Zentimeter lange gelblich grüne ich würde mal sagen Wasserschlangen. Ein anderer häufiger Fang der Kinder waren Krabben. Davon gab es schätzungsweise ein Dutzend verschiedene Arten. Eine Krabbe sah wie ein Stein aus, der zu lange im Schlamm gelegen hat.
Täglich war ich mehrere Stunden mit einer manchmal kleinen (vierköpfigen) und manchmal großen (zehnköpfigen) Kinderhorde am Strand unterwegs. Die ersten paar Tage habe ich den Kindern nichts für ihre Mühen gegeben. Da sie aber trotzdem jeden Tag meine Nähe gesucht haben, bin ich später dazu übergegangen, den eifrigsten Sammlern und Jägern Kaugummis und Kekse zu schenken. Das war dann aber eine Freude. Manche der älteren Leute in der Ortschaft erklärten mir, dass die Kinder abends zu Hause oft unentwegt von mir erzählen würden.

Eines Tage fragte mich eines der Mädchen, ob ich nicht Lust hätte, nachts mal mit ihr zur Jagd zu gehen. Da war ich sofort dabei. Zu viert zogen wir abends um 10 Uhr los. Ein Filipino trug eine hell leuchtende Petroleumlampe, damit wir etwas sehen konnten. In der anderen Hand hielt er ein langes Messer, um die Fische zu köpfen. Ein Mädchen trug einen großen Plastikeimer, um die gefangenen Tiere zu transportieren. Eine andere Filipina trug einen Art Speer, der ist zum Krabben aufspießen. Ich trug nichts, nicht einmal die Verantwortung. Wir alle liefen nebeneinander langsam im Wasser in Strandnähe entlang. Für jedes Tier gab es eine andere Fangmethode. Am einfachsten war es, die Krabben zu fangen. Vielleicht weil sie vom Licht geblendet sind, laufen diese Tiere in der Regel nicht weg. Einen kleinen Speer schießt man mit einer Art Armbrust ab. Man muss versuchen, den Panzer des Tieres mit der Speerspitze zu durchbohren. Ich habe auch gelernt das nicht alle Krabben, die wir gesehen haben, zum Verzehr geeignet sind. Schwieriger als die Krabben, war es die Fische zu fangen. Denn diese bewegten sich andauernd. Fische wurden entweder mit der Hand gefangen, oder, was einfacher war, mit dem langem Messer, während des Schwimmens geköpft. Die meisten erlegten Fische waren leider nur 5 bis 10 Zentimeter lang.
Das interessanteste Tier war allerdings zweifelsohne die Krake. Diese waren sehr gut getarnt und somit schlecht im seichten Wasser zu sehen. Gefangen wurden die Kraken mit der bloßen Hand. Nachdem ich oft genug dabei zugeguckt hatte,

wagte ich auch einen Versuch. Das war ein aufregendes Erlebnis. Ich musste die Krake nämlich mit einer Hand direkt am Hinterkopf packen. Dann sofort aus dem Wasser herausziehen. Da das der Krake nicht gefiel, saugte sie sich mit ihren Saugnäpfen an meiner Hand und am Unterarm fest. Ich weiß auch nicht warum, aber dann versuchte das gefangene Tier mir zum Hals hin hochzuklettern. Da bekam ich es schon mit der Angst zu tun. Würde mich womöglich die Krake erwürgen können? Die Enden der Fangärme wurden immer länger ausgestreckt und reichten schon bis über meinen Ellenbogen hinaus. Außerdem hat mich dieses Untier auch noch so in die Hand gebissen, das ich geblutet habe. Aber nein, losgelassen habe ich auch nicht. Die Krake hatte sich auch total festgesaugt. Meine filippinischen Freunde und Mitjäger fanden das alles äußerst amüsant. Nachdem sie genug gelacht hatten, halfen sie mir die lebende Krake weg von meinem Körper und dann in den Eimer zu befördern. Das war ein Erlebnis.

Der Fang eines Abends brachte immer so viel, dass die elfköpfige Familie und ich uns satt essen konnten. Das Jagen hat mir viel Spaß gemacht. So sind wir fast jeden Abend zur Jagd losgezogen. Die Filipinos machten das nur so oft, um mir eine Freude zu bereiten.

Nun zu einem anderem Thema. Überall auf den Philippinen finden am 14. Februar (Valentinstag) Schönheitswahlen statt. Auch in kleinen Dörfern wird eine sogenannte „Miss-Valentine" gesucht. So auch in San Augustin. Ich erzählte meinen Freunden, dass mich so etwas sehr interessieren würde. Das hat sich dann wohl in dieser Ortschaft herumgesprochen, denn es passierte etwas Erstaunliches. Eines Tages gibt mir der Postbote auf der Straße plötzlich einen Brief. Es war sicherlich auch nicht einfach, mich zu suchen und zu finden, da ich ja tagsüber immer unterwegs war. Ich bin also sehr überrascht gewesen. Aber kein Zweifel, da stand mein Name auf dem Briefumschlag. Ich öffne den Brief und begann zu lesen.
In dem Brief stand, dass ich herzlich zur Miss-Valentine-Wahl eingeladen war. Aber nicht als Zuschauer, sondern als Mitglied der Jury. Das war natürlich eine große Ehre für mich. Am 14. Februar abends bin ich natürlich zur Wahl der Schönheitskönigin hingegangen. Die Veranstaltung dauerte bis 3 Uhr morgens. Wir waren fünf Schiedsrichter und hatten die besten Plätze ganz vorne bei der Bühne. Einer aus der Jury war ein sogenannter Lady-Boy. Er oder sie wurde von allen mit „Miss" angesprochen. Dass die „Miss" keine „Frau" war, konnte man eigentlich nur an der Stimme erkennen. Die anderen Schiedsrichter waren bekannte Persönlichkeiten und hatten viel Erfahrungen mit Mißwahlen. Einer der Jury war ein Chef eines großen Unternehmens aus einer größeren Stadt der Umgebung. Ein anderer war der Polizeichef des Ortes. Hinter uns Schiedsrichtern war ein freier Platz und dahinter war das zahlreiche Publikum. Ich nehme an, dass das ganze Dorf versammelt war. Neun wirklich bildhübsche Mädchen wollten alle jeweils zur Schönsten des Dorfes gewählt werden. Die jüngste war 13 und die älteste 16 Jahre alt. Zu Beginn hat sich jede Schönheit mit der Schuluniform vorgestellt. Dann tanzte jedes Mädchen alleine abwechselnd in unterschiedlicher Kleidung über die Bühne. Jede Bekleidung war gesondert zu benoten. Zuerst das Abendkleid, dann die Sportkleidung. Die

wunderschönen Abendkleider der Mädchen waren nur für diese Schönheitswahl oft nur gemietet worden. Kostenpunkt war der halbe Monatslohn von Papa.

Es gab verschiedene Bewertungskriterien, um die Schönste herauszufinden. Wir Schiedsrichter mussten unsere Bewertung schriftlich abgeben. Meistens hatte ich den gleichen Schönheitsgeschmack wie die anderen. Wenn ich zum Beispiel meinte, das Mädchen mit der Nummer 7 hat das schönste Abendkleid an, dann haben die anderen dem gleichen Mädchen auch oft die beste Note gegeben.

Jede Kandidatin hat dann alleine auf der Bühne noch einmal einen Tanz vorgeführt oder ein Lied gesungen. Manche auch beides. Das Niveau war erstaunlicherweise hoch. Alle Mädchen hatten wohl für diesen Tag lange trainiert.

Es wurde auch die Intelligenz getestet. Denn Schönheit alleine genügt nicht, um zur Nummer 1 gewählt zu werden. Jedem Mädchen wurden Fragen gestellt. Diese antworteten teilweise in ihrer Muttersprache Tagalog. Da ich dies nicht verstanden habe, wurde mir netterweise eine Dolmetscherin zur Verfügung gestellt.

Eine Frage lautete zum Beispiel: „Du bekommst 10.000 US Dollar dafür geboten, dass du in einem Film als Schauspielerin eine Nutte spielen sollst. Was machst du?" Die Antwort war natürlich: „Ich lehne dieses Angebot ab. Die Ehre von mir und meiner Familie wäre beschmutzt. Ich bin ein anständiges Mädchen!"

Alle gestellten Fragen und Antworten hatten einen ähnlichen Inhalt. Nach vielen unterhaltsamen Stunden kam endlich die spannende Endausscheidung. Zuerst wurden die Namen der Mädchen durchgesagt, die nicht so gut abgeschnitten hatten.

Nun erhielten die Mädchen eine rote Schärpe, die zum Beispiel am besten gesungen hatten oder das schönste Abendkleid anhatten.

Nun passierte etwas Außergewöhnliches. Ich wurde auf die Bühne gebeten. Dort durfte ich dem Mädchen, die ich persönlich als die Allerschönste fand, mit zwei Nadeln eine Schärpe an ihrem schönen Körper befestigen. Auf der Schärpe stand Miss Valentine 1994  3. Platz. Anschließend wurde per Lautsprecher durchgesagt, dass diese Dame meine ganz persönliche Favoritin gewesen sei. Die unbekannte Schönheit hat mich nach dieser Durchsage dauernd angelächelt. Denn das war für sie wohl eine große Ehre. Für sie war unwichtig, dass sie nur Platz 3 belegt hat. Viel wichtiger war, der einzige Ausländer in ihrer Ortschaft nämlich ich, der Mann aus Deutschland hält mich für die Schönste. Auf den Philippinen wird nämlich viel Wert darauf gelegt, was die Ausländer so denken. Ich glaube sogar, dass die Dame auf Platz 3 sich mehr gefreut hat, als die Dame die im Endeffekt die Nummer 1 geworden ist. Die „Miss Valentine 1. Platz" erhielt zusätzlich zu der Schärpe noch eine Krone verpasst. Nach dem Ende der Schönheitswahl gab es eine Open-Air-Tanzveranstaltung.

An meinem letzten Tag in San Augustin besuchte ich die Schule. Alsbald entdeckte mich die Rektorin im Schulhof. Sie geleitete mich in das Lehrerzimmer. Dort unterhielten sich die anderen Lehrkräfte mit mir. Die Schulleiterin bat mich eine Stunde lang, Unterricht in einer Klasse zu halten. Das habe ich auch gemacht. Schätzungsweise 50 Teenager saßen im Klassenzimmer. Anfangs waren alle recht scheu, aber das änderte sich schnell. Zuerst durfte ich Fremdsprachenunterricht geben.

Die Schulkinder wollten wissen, was auf Deutsch heißt: „Ich liebe dich!" „hübsches Mädchen" „Wie heißt du" und Ähnliches. Bevor ich diese Worte auf deutsch sagte, übersetzte ich sie auf Tagalog. Das ist die Sprache der Filipinos hier in der Gegend. Die Teenager haben sich sehr gefreut, dass ich auch ein bisschen Tagalog sprechen konnte. Nach dem deutschen Sprachunterricht wollten sie alles mögliche über meine Heimat wissen. Die meisten waren sehr aufgeschlossen und wissbegierig. Jedesmal wenn mich jemand aus der Klasse ansprach, ist diejenige Person artig vom Stuhl aufgestanden. Obwohl ich zuerst ziemlich aufgeregt war, ist es doch schön gewesen, diese Schulstunde zu leiten.

Während meiner Zeit auf der Insel Tablas habe ich auch einmal einen Tagesausflug auf die Insel Romblon unternommen. In der gleichnamigen Stadt dort gab es Läden, die alles mögliche aus Marmor verkauften. Die Farben der Marmorstücke waren weiß, schwarz und braun. Jede Farbe hatte einen anderen Preis. Ein paar Häuser in der Stadt Romblon sind komplett aus Marmor gebaut. Die Wände, Treppen, Fußböden, Zwischenmauern und Balkone, einfach alles war aus Marmor.

Nach der wirklich schönen Zeit auf der Insel Tablas in San Augustin bin ich weitergereist in die Gegend des Vulkanes Pinatubo. Von San Augustin aus war ich bis dorthin zwei Tage lang unterwegs. Als Transportmittel wurden Boote, Jeepneys und Busse benützt.

Ich blieb ein paar Tage ungefähr 30 Kilometer vom Vulkan entfernt in der Ortschaft Barrio Barretto. In der Umgebung des Vulkans sieht man noch manche Häuser, die bis zum Dachfirst in Vulkanasche stehen. Das kommt vom letzten Vulkanausbruch her. Es gibt auch ausgetrocknete Flußläufe, die voll mit der Asche des Vulkans sind. Jedesmal wenn die Regenzeit einsetzt, wird die Asche zu zähflüssigen Schlamm. Dieser Schlamm fließt dann langsam in Richtung Meer. Zu der Zeit als ich in der Gegend war, war es verboten, sich dem Vulkan zu nähern. Die Sicherheitszone betrug 30 Kilometer. Die Vulkanologen rechneten nämlich mit einem bald bevorstehenden Ausbruch.

Die letzte Station der Reise durch die Philippinen hieß dann nochmals Manila. Hier habe ich meinen Freund aus Schweden wieder getroffen. Ja, genau den, zu dem ich im Spaß immer „Mein Sohn" gesagt hatte. Er hat ja zu mir auch immer „Papi" gesagt. Wir beide waren bis zum diesem Zeitpunkt schon über 60 Tage nonstop auf den Philippinen unterwegs. Man hatte viel erlebt und gesehen. Was konnte man die letzten Tage jetzt noch in Manila so unternehmen? Vielleicht sollte man die Nächte zum Tage machen? Gute Idee! Also gingen wir Nachts immer in die Bordelle. Oder wie die Filipinos zu sagen pflegen Nachtclubs. Man sollte wissen, dass die Prostitution in diesem Lande verboten ist. Aber gemerkt hat man davon nichts. Sogar Kinder sind in diesem Gewerbe tätig. Die meisten Nachtclubs sind von 4 Uhr nachmittags bis 4 Uhr morgens geöffnet. Der Eintritt ist umsonst, aber man muss etwas trinken. Ein Getränk kostet 3 bis 4 DM. In so einem Club arbeiten so wohl 50 bis 80 Damen. Das Durchschnittsalter dürfte bei 16 bis 22 Jahren liegen. Manche sind sicherlich jünger, aber die Mädchen geben dann ihr tatsächliches Alter nicht preis. Viele sind außergewöhnlich gutaussehend. Das innere des Nachtclubs sieht aus wie eine Diskothek. Man(n) kann auch mit einer weiblichen Begleitung so einen Club besuchen. Die Tanzfläche befindet sich allerdings auf einer Bühne. Dort tanzen leicht bekleidete Mädchen in drei Reihen hintereinander. Jede tanzt in Stöckelschuhen so 30 Minuten lang. Dann kann sie sich so eine halbe Stunde lang mit potenziellen Kunden beschäftigen. Die Zeitangaben sind variabel. Dieses Spiel geht im Extremfall stundenlang. Wenn sie Glück hat, wird sie schon nach ihrem ersten erotischen Tanz gekauft. Um mit einer reden zu können, sollte der männliche Bewerber der Hübschen aber einen oder mehrere sogenannte Lady-drinks bezahlen. Kostenpunkt 5 bis 8 DM. Davon erhält die Dame einen Anteil von sagen wir mal 2 DM. Das Mädchen gesellt sich dann mit ihrem Getränk zu dem Mann an die Bar. Nun können sich die zwei in aller Ruhe über das, was in der Nacht passieren soll einigen. Oder auch nicht. Falls der Mann ein Mädchen mitnimmt, muß er dem Bordellbesitzer 20 bis 30 DM bezahlen. Die Preise für die Damen sind unterschiedlich. Das fängt an von umsonst bis 100 DM. Dafür steht einem die Gespielin für eine ganze Liebesnacht zur Verfügung. Der Nachtclub ist übrigens nur ein Ort wo sich Mann und Frau treffen können. Sonst nichts. Man nennt so etwas auch Go-Go-Bar. Die Mädchen dürfen sich teilweise ihre Kunden selbst aussuchen. Ich habe des öfteren gesehen, wie alte hässliche fette Knacker, was weiß ich wieviel US Dollar einer Dame angeboten habe. Aber sie ist einfach nicht mitgegangen. Die Verdienstmöglichkeiten der Nutten sind außergewöhnlich hoch. Man muss wissen, was die anderen Berufsgruppen so verdienen. Hier ein paar Monatsverdienste im Vergleich. Ein studierter Lehrer 200 DM. Ein Polizist oder Postbeamter 150 DM. Ein privater Wachmann sogar nur 100 DM. Nicht zu vergessen ist, das die Arbeitslosigkeit sehr hoch ist. So manch eine Prostituierte bekommt also für eine Nacht mehr wie ein Nettoverdienst eines ganzen Monats eines anständigen Berufes.

In der Stadt Manila gab es übrigens wie überall auf den Philippinen Privatpolizisten. Diese sieht man vor und in jeder Bank, im Supermarkt, in der Kneipe, im Hotel und sogar im Mc-Donalds. Überall wo es Bargeld gibt, sind sie allgegenwärtig. Bewaffnet sind sie mit Pistolen. Manche haben auch ein Schrotgewehr oder eine Maschinenpistole. Schon ein komisches Gefühl. Man sitzt zum Beispiel in einem Restaurant und dauernd laufen schwerbewaffnete Sicherheitskräfte um einen herum. Denn es soll viele Raubüberfälle geben. Einmal ging ich zu einem Moneychanger zum Geld wechseln. Während der Geldübergabe steht ein mit einer Pistole bewaffneter Polizist neben mir. Im Spaß sagte ich zu der Dame, die dort arbeitet: „Wenn ich jetzt dem Polizisten die Waffe entwende und dich bedrohe, gibst du mir dann 5000 US Dollar?" Sie lächelt und sagt: „Nein!" Sekunden darauf zeigt sie mir auch ihre
Pistole mit einem großen Kaliber.

Was kann man zusammenfassend über dieses Land sagen? Fast überall, wo ich war, ist es so schön gewesen, dass ich ungern weitergereist bin. Gut war, dass die meisten flüssig Englisch reden konnten. Sehr beeindruckend waren die Banaue-Reisterassen sowie das Dinagyang-Festival in Ilo-Ilo. Das dauernde Bootfahren von Insel zu Insel hat mir auch viel Spaß gemacht. Gefallen hat mir zudem der

Taal-Vulkan und die Insel Palawan. Gerne denke ich auch an die Zeit auf der Insel Tablas in der Stadt San Augustin zurück. Das beste dort waren die Tierjagden im Meer sowie die Strandtierwelt. Die Miss Valentine Wahl war natürlich auch ein weiterer Höhepunkt der Philippinen.

Nach 11 Wochen Aufenthalt flog ich am 26. Februar 1994 von Manila nach Thailand in die Hauptstadt Bangkok.

## Kapitel XII  Thailand

Hauptstadt Bangkok
Tempel Wat Traimit
massiv goldener Buddha mit 5,5 Tonnen Gewicht

# Kapitel XII  Thailand

Thailand habe ich mehrmals bereist. Insgesamt ist die Verweildauer so 90 Tage gewesen. Es war ideal von Thailand aus die Nachbarländer wie zum Beispiel Myanmar, Laos oder Malaysia zu bereisen.

Die thailändische Währung ist der Baht. Für 1 DM erhält man ca. 15 Baht. Die Reiseroute im Lande verlief wie folgt. Erstens mal Bangkok. Dann Südthailand mit Insel Phuket, Phang-Nga, Krabi, Nakhon Si Thammarat, Phattalung, Trang. Anschließend wurde Zentralthailand bereist. Lopburi, Bokeset, Ayuthaia, Phetburi, Cha-am und die Insel Ko Samet. Außerdem fuhr ich mit dem Zug von Bangkok durch ganz Südthailand bis nach Malaysia und später dann von Bangkok durch ganz Nordthailand bis nach Laos.

Am 3. August 1993 flog ich von Indonesien nach Thailand. Gelandet wurde in Bangkok. Da es Mitternacht war, habe ich zuerst mal im Flughafengebäude übernachtet. Sehr früh am Morgen fuhr schon ein öffentlicher Bus für lächerliche 20 Pfennige in das Gebiet mit den billigen Hotels, genannt Banglampoo. Dort suchte ich mir in aller Ruhe erstmals eine Unterkunft. Nachdem ich eine gefunden hatte, wurde zuerst mal ausgiebig geduscht und ausgeruht. Die ersten paar Tage in der stinkenden heißen Millionenstadt Bangkok wurden mit dem Besuch von buddhistischen Tempeln verbracht. Interessant ist der Tempel Wat Traimit. Im Innern steht eine fünfeinhalb Tonnen schwere massiv goldene Buddhaskulptur. Jahrhundertelang war dieser Goldbuddha unter einer dicken Gipsschicht versteckt. Niemand hat gewusst, dass sich unter dem Gips Gold befindet. Eines Tages wurde der Gipsbuddha mit Hilfe eines Krans versetzt. Dabei ist die Figur heruntergefallen und die Gipsschicht ist teilweise abgebröckelt. Darunter kam das Gold zum Vorschein. Wahrscheinlich wurde vor vielen Jahren der Goldbuddha so getarnt, damit bei kriegerischen Auseinandersetzungen niemand das wertvolle Gold klaut.
Recht schön liegt auch der Tempel Wat Arun (Tempel der Morgenröte.) Dieser ist am Ufer des Flußes Chao Phraya gebaut. Man kann auf steilen Treppen den Tempel besteigen und hat dann eine gute Aussicht. In dieser Tempelanlage sitzt ausnahmsweise keine große Buddhafigur.

In Bangkok gibt es verschiedene öffentliche Verkehrsmittel. Zum einen gibt es Busse, die sind überfüllt und stecken oft im Stau fest. Um mit diesen fahren zu können, braucht man erstens einen Stadtplan und zweitens viel Zeit, weil sie langsam sind. Dafür sind Busse billig. Ungefähr 20 Pfennige pro Fahrt. Übrigens, ein Bus bleibt an der Haltestelle nur stehen, wenn man dem Busfahrer ein Zeichen gibt. Dazu streckt man die Hand Richtung Fahrbahn.
Es gibt auch noch die Flusstaxis. Das sind größere und kleinere Boote, die auf dem Chao Phraya Fluss und den vielen kleinen Klongs ihren Dienst tun. Die sogenannten Klongs sind im Prinzip nichts anderes wie offene Abwasserkanäle, die von allen Seiten jeweils mit dem großen Fluss, der durch Bangkok fließt, verbunden sind. Diese Boote, die in den Klongs und im Hauptfluss verkehren, kosten für die gleiche Strecke, die der Bus fährt, ungefähr 30 Pfennige. Der Vorteil der Boote ist, dass es auf dem Fluß keinen Stau gibt. Zudem herrscht beim Bootfahren immer ein Luftzug, da die Boote alle keine Fenster haben. Allerdings sind die Boote ebenfalls wie

die Busse total überfüllt. Interessant ist das Anlegemanöver der größeren Boote am Flußufer. Die Boote sind ca. 20 Meter lang. Ganz vorne sitzt der Kapitän.
Ganz hinten ist der Ein- und Ausstieg des Bootes. Somit ist es nicht einfach, mit der Ausstiegstelle des Bootes anzulegen. Denn die Schiffsanlegestellen sind auch nur ca. vier mal vier Meter große schwimmende Holzplattformen, die mit einer Brücke an das Land führen. Damit es der Kapitän beim Anlegen leichter hat, lässt er sich durch Pfeifsignale leiten. Am Heck des Bootes steht ein Schiffsjunge mit einer Trillerpfeife. Mit verschiedenen Pfeiftönen gibt dieser Signale an den Kapitän. Der Schiffsjunge vertäut nach dem Anlegemanöver auch das Boot, damit die Passagiere ein- und aussteigen können. Danach wird dem Kapitän wieder mit einem Pfeifsignal mitgeteilt, dass er jetzt weiterfahren kann.

Das dritthäufigste Verkehrsmittel ist das Tuc-Tuc. Dieses sind dreirädrige Taxis, die überall herumfahren. Diese Fahrmöglichkeiten sind die teuersten. Kostenpunkt 4 bis 6 DM, aber auch dafür recht schnell. Denn bei einem Stau quetschen sie sich meistens noch irgendwo durch.

In Bangkok ist alles preiswert. Für 1 DM erhält man wie schon erwähnt 15 Baht. Soviel kostet ein einfaches Abendessen in den kleinen Seitenstraßen. 1 Flasche Wasser kostet 4 Baht, sowie ein gebratener Fleischspieß 2 Baht. Ein schlechtes Hotelzimmer in einem sogenannten Guesthouse kostet umgerechnet 7 bis 15 DM. Dafür gibt es natürlich keine Klimaanlage und im Zimmer keine Dusche oder Toilette. Die sanitären Anlagen werden manchmal von 5 bis 20 Leuten gemeinsam benützt. Manche Dinge, die es zum Essen gibt, sind bei uns zu Hause nicht zum kaufen. Wie zum Beispiel gebratene Heuschrecken oder Puppen von noch nicht geschlüpften Bienen. Die Heuschrecken schmecken erstaunlich gut und sind knusprig. Der Geschmack ist ein bißchen wie gebratene Hühnerhaut.
Anders schmecken die Bienenpuppen. Da man die Puppen direkt aus den Waben herauslutscht und also direkt mit dem Honig isst, schmeckt alles mehr oder weniger nach Honig. Im Mund merkt man dann deutlich, wie sich die Babybienen bewegen, bevor man sie zerkaut und schluckt.

Nach zehn Tagen in Bangkok ging die Reise nach Südthailand weiter. Zuerst mal auf die Touristeninsel Phuket und dann nach Phang-Nga. Das ist ein ruhiger Ort, was man von Phuket sicherlich nicht sagen kann. Phang-Nga ist schön von Felsen umgeben. Die Ortschaft ist klein und übersichtlich. Die Südthailänder sind meines Erachtens etwas wohlhabender als die Durchschnittsthailänder. Denn es gibt viele Privatautos und größere Geschäfte. Trotzdem spricht die englische Sprache abseits von den Touristenorten kaum einer. Die meisten Urlauber gehen auf die Inseln und nicht auf das südthailändische Festland. Allerdings muss ich zugeben, dass es in den bereisten Städten im Süden nichts Besonderes zum besichtigen gab. Es gibt zwar viele Tempel, aber im Vergleich zu Bangkok sind diese eher kleiner und bescheidener. Zudem gibt es nicht viele Hotels. Trotzdem ist das Herumreisen in den Städten Südthailands schön. Die Leute sind gastfreundlich.
Zum Beispiel ist mir eine Sache häufig passiert. Ich suche ein Restaurant um zu speisen. Die Erfahrung hat gezeigt, dass das Essen dort am besten ist, wo viele

Einheimische ein Restaurant bevölkern. Also, wenn ich Hunger gekriegt habe, bin ich zuerst mal ein bisschen herumgelaufen, um ein volles Restaurant zu finden. Dann bin ich rein. Nun wurde ich da öfters gebeten, bei anderen schon anwesenden Gästen Platz zu nehmen. Unterhalten konnten wir uns nicht.

Ich konnte kaum die thailändische Sprache und die Thai sehr wenig oder kein Englisch. Man saß trotzdem zusammen an einem Tisch und hat ausgiebig gespeist. Recht häufig wurde ich ermuntert, noch dieses und jenes zu probieren, was ich auch gemacht habe. Wenn ich dann bezahlen wollte, durfte ich nicht. Die anderen Gäste haben für mich bezahlt. Manchmal war es auch so, dass die Bedienung zuerst mal mein Geld eingesteckt hat. Ein paar Minuten später hat sie mir mein Geld in der gleichen Summe aber komplett umgewechselt in kleinen Scheinen zurückgegeben.

In einem Restaurant entdeckte ich einmal eine mit Öl gefüllte Schüssel. Darin schwammen zirka 4 Zentimeter lange fette weiße Maden. Diese Maden werden im Wald gesammelt. Sie fressen dort morsches Holz. Nachdem ich fasziniert längere Zeit in die Schüssel hineingeschaut hatte, wurde ich zum Madenessen eingeladen. Das ging folgendermaßen. Die Tiere wurden lebendig in kochendes Öl geworfen. Dort sterben sie natürlich sofort. Danach sind sie essbar. Geschmeckt hat es ein bisschen holzig. Der Kopf der Made war zu hart zum essen, den musste man ausspucken. Der Wirt und seine Kinder haben sich sehr gefreut, das ich die Einladung zum Essen angenommen hatte.

Von Phang-Nga aus ging die Reise weiter nach Krabi und dann nach Nakhon Si Thammarat. Diese Stadt hat 70.000 Einwohner. Da es viele Tempel zu besichtigen gab, bin ich ein paar Tage geblieben. 1.700 Jahre alt ist zum Beispiel die große Tempelanlage Wat Phra Mahathat. Der höchste Chedi, das ist ein spitzes Gebilde, das ähnlich wie ein Pyramide aussieht; nur schlanker, ist 78 Meter hoch. In den Seitengängen der Anlage lag ein komplettes Walskelett herum. Es war ungefähr 10 Meter lang und lag total unbewacht da. Wenn in diese Gegend mehr Touristen kommen würden, wäre wohl bald kein Knochen des Tieres mehr vorhanden. Sehr erstaunt war ich auch, dass ein kleiner handlicher Knochen vom Ende des Walschwanzes da gelegen ist, oder soll ich besser schreiben *noch* dagelegen ist?

Gegenüber des Tempels Mahathat war eine kleinere Tempelanlage mit dem Namen Wat No Boromathat. Das Interessante hier war, dass man eine fastende Buddhastatue anschauen konnte. Darstellungen von einem hungernden Buddha sind nicht so häufig.

In einer anderen Tempelanlage war gerade eine Schulklasse zu Besuch. Diese erhielten hier Unterricht im Freien. Kaum war Pause wurde ich umlagert und von den Kindern freundlich angelächelt. Die Schulkinder einer Klasse trugen alle jeweils die gleiche Uniform. Das ist in vielen asiatischen Ländern so. Einheimische in Thailand haben selten Englisch gesprochen, die meisten die fließend Englisch konnten, waren Lehrer von Beruf. Diese waren erfreut, mal mit jemanden sich auf Englisch unterhalten zu können.

An einem der letzten Tage in Nakhon Si Thammarat entdeckte ich zufälligerweise ein Restaurant, wo man Kuchen essen und einen Kaffee trinken konnte. Da war ich erstaunt. Obwohl es mir beim Herumreisen im Ausland keine Probleme bereitet hat, prinzipiell fast alles zu essen, was die Einheimischen gegessen haben, war ich doch über diese Abwechslung froh. Da habe ich mir also einen Kaffee gegönnt. Hat nicht so geschmeckt wie zu Hause. War aber o.k. Sonst habe ich nur lauwarmes Wasser ohne Kohlensäure getrunken. Dieses ist bei der Dauerhitze auch sicherlich das beste und gesündeste.

Von Nakhon Si Thammarat ging die Reise per Bus weiter nach Phattalung. Während der Fahrt sah man viele Felder und fast ausgetrocknete kleine Seen. Drei Kilometer außerhalb von Phattalung in Richtung Norden ist der Tham Malai Tempel. Dieser liegt auf einem kleinen Berg. Die Aussicht von dort oben herunter ist gut. Das Land ist total eben. Der Tempel an und für sich ist nicht gerade atemberaubend. Da wäre wohl eine Restaurierung notwendig. Interessant ist, dass sich nahe am Gipfel des kleinen Berges ein Höhleneingang befindet. Darin waren Fledermäuse und viele umherschwirrende Insekten. Auf das Begehen der Höhle habe ich daher verzichtet. Der Ausgang der Höhle befindet sich dann am Fuße des Berges.

Über 30 Kilometer nordöstlich von Phattalung ist das Thale-Noi-Schutzgebiet für Wasservögel. Der dortige See scheint nicht tief zu sein. Es gibt viele Wasserpflanzen wie zum Beispiel Seerosen und auch verschiedene Wasservögel. Recht imposant war ein bläulich gefiederter Vogel, der so groß wie ein Huhn war. Dieser Vogel hatte große Füße und konnte somit auf den Seerosenblättern spazierenlaufen, ohne tief in das Wasser einzusinken. Diese Vogelart war häufig. Vom Ufer des Sees führten Holzbrücken zu überdachten Holzhäusern auf den See hinaus. Von hier aus war es einfach, die Tiere zu beobachten und etwas in der Kühle im Schatten zu sitzen.

Von Phattalung fuhr ich über die Ortschaft Trang an den Küstenort Krabi. Übernachtet wurde im Walker Hotel in der Ruen Rudeestraße. Dieses Hotel ist überhaupt nicht weiter zu empfehlen, denn Folgendes passierte mir. Morgens bin ich um 5 Uhr aufgestanden und habe im Zimmer gefrühstückt. Die Speisen dazu hatte ich schon am Vortag gekauft. Nach meinem Frühstück wurde gepackt und ich begab mich zum Ausgang des Hotels. Aber die Tür war verriegelt und vom Personal war auch keiner zu sehen. Auf mein Rufen hin hat sich niemand gemeldet. Dann wurde ich etwas böse. Denn mein Plan war heute früh mit dem Boot zu einer etwas abgelegenen Bucht zu fahren. Aber nun war keiner da, um mir die Türe von dem Hotel zu öffnen. Was tun? Ich entdecke an der Wand eine schöne große Blechtrommel und dazu noch einen Schlagstock. Wunderbar! Ich nehme die Trommel von der Wand und beginne wie wild darauf herumzutrommeln. Die Nachbarn, die neben dem Hotel wohnten, sind sicherlich alle aufgewacht. Endlich hörte ich, wie da jemand kommt. Aber das war leider keiner vom Personal, sondern auch nur ein Hotelgast wie ich. Der konnte mir natürlich auch nicht weiter helfen. Na ja, so musste ich halt warten. Um 8 Uhr kam dann endlich jemand vom Personal, der mir die Türe geöffnet hat, so dass ich das Hotel verlassen konnte.

Nun war es Zeit für das zweite Frühstück und anschließend ging es zu Fuß zum Hafen. Dort wurde ein Boot gechartert. Nachdem der Preis ausgehandelt war, ging der Kapitän Sprit kaufen. Danach ging die Fahrt endlich los. Allerdings nur hundert Meter. Denn der Motor des Bootes machte blupp, blupp und aus war es. Der Bootsbesitzer machte Reparaturversuche, aber der Motor wollte nicht mehr. Ein zufällig vorbeikommendes anderes Boot stoppte, um uns zu helfen. Die beiden Bootsführer haben *fachmännisch* festgestellt, dass mein Kapitän statt Sprit schlicht und einfach Wasser getankt hatte. So. Fehler erkannt. Nun erfolgte die Reparatur. Um die Mittagszeit war die Reparatur beendet und ich konnte mich endlich meinem Ziel nähern, nämlich dem Strand Hat Rai Leh Oststrand.

Dort konnte man Touristen treffen, aber nur wenige, da Vorsaison war. Das Essen war teurer als sonstwo, aber die Gegend war sehr schön. Es gab hohe Felsen, die zum Teil direkt am Strand standen und auch Höhlen. Hinter dem Strand begann der Dschungel. Die Thais welche hier arbeiteten, konnten gut englisch sprechen.

Es war alles ruhig hier, da Vorsaison war. Ich schätze nur jedes zwanzigste Hotelzimmer war belegt. Das hat mir gefallen. Toll war es, im Dschungel spazieren zu laufen. Es gab viele Insekten zu sehen. Unter anderem war in der Nähe auch eine Süßwasserlagune und zwei Höhlen. Die größere Höhle hieß Tham Phra Nang Nai. (Höhle der Prinzessin) Mit einem Freund zusammen gingen wir in die Höhle rein. Dort drin könnte man einen Horrorfilm drehen. Denn es gab Fledermäuse und Ratten. Teilweise wurde es so eng, dass man nur kriechend auf allen Vieren vorankam. Das Beste war eine wohl 100 Meter lange im Innern der Höhle gebaute Holzbrücke. Diese war fast komplett zerfallen und überall lagen Holzplanken herum. Es war also nur möglich, langsam und vorsichtig tiefer in die Höhle einzudringen. Dabei wurde die Kleidung stark verschmutzt, aber es hatte Spaß gemacht.

Nach ein paar schönen Tagen in Krabi fuhr ich wieder zurück nach Bangkok. Dort besichtigte ich den indischen Tempel Sri Mariamman Tempel. Die Verzierung des Tempels zeigt viele farbenprächtige Reliefs. Abgebildet sind Gesichter, Menschenkörper, Tiere und Fabelwesen.

Zudem beschäftigte ich mich mit meiner thailändischen Reiseführerin. Wir schipperten mit den Flusstaxis auf dem Chao Phraya Fluss hin und her und besichtigten mehrere kleinere buddhistische Tempelanlagen. An einigen wenigen Tempeln sieht man auch Urnengräber. Manche Thai lassen nach dem Tode ihre Asche in einer kleinen Urne in der Wand des Tempels einmauern. Aber die meisten Thai lassen sich nach ihrem Tode nur verbrennen. Die Asche verweht der Wind. Kein Grabstein, kein Holzkreuz wie bei den Christen. Nichts. Gestorben. Verbrannt. Aus und vorbei. Die Buddhisten glauben an die Wiedergeburt nach dem Tode. Man kann in ein besseres oder schlechteres Leben wiedergeboren werden. Wenn man Glück hat und ein im buddhistischem Sinne gutes Leben geführt hat, ist die Wahrscheinlichkeit höher in ein noch glücklicheres und gesünderes oder auch reicheres Leben hineingeboren zu werden.

Nach einiger Zeit in Bangkok besuchte ich das Heimatdorf meiner Reiseleiterin. Es handelt sich um eine kleine Ortschaft zirka 150 Kilometer nördlich von Bangkok. Der Name ist Bokeset. Die meisten im Dorf halten Haustiere. Es gibt Hühner, Enten, Schweine und Kühe. Die Kühe sind weiß und haben erstaunlich lange Ohren.

Bei manchen Tieren sind die Ohren länger als der ganze Kopf. Zudem gibt es natürlich viele Hunde. Diese fressen die Nahrungsabfälle auf. Denn eine Müllabfuhr gibt es im ganzen Dorf nicht. Das Leben hier ist recht einfach. Aufgestanden wird, wenn es hell wird. Dann schaut man nach den Haustieren und den Feldern. Dort wird viel Reis angepflanzt. Die erwachsenen Kinder der alten Leute versorgen diese mit Geld, da es keine Rentenversicherung gibt. Für 100 DM im Monat oder zum Teil sogar noch viel weniger kann man hier leben. In den Gärten der Häuser sind oft Bananenbäume gepflanzt. Es gibt auch die wohlschmeckende Mangofrucht. Von den Bambusbäumen, die es gibt, werden die jungen Sprößlinge gegessen. Maisfelder gibt es auch. Sehr gut geschmeckt haben mir die jungen zarten Maiskölbchen. Diese kann man mit den Blättern essen, das ist eine wahre Delikatesse. Die Häuser sind allesamt auf zirka drei bis vier Metern hohen Holzpfählen draufgebaut.
Manche neuere Häuser stehen auch schon mal auf Betonpfählen. Die Bauweise ist wohl so wegen dem Hochwasser, das in der Monsunzeit kommen kann. Zudem, damit keine Tiere, wie zum Beispiel Hunde, Hühner, Schlangen oder Ratten in das Haus gelangen können.

Vor jedem Hauseingang steht ein Steinbottich gefüllt mit Wasser. Bevor man in das Haus geht, zieht man die Schuhe aus und stellt sich mit beiden Füßen in das Wasser hinein. So gereinigt betritt man immer barfuß das Haus. Somit bleibt es in der Wohnung sauber. Das muss auch so sein, denn es gibt keine Stühle und keinen Tisch. Man setzt sich im Schneidersitz auf den Holzboden. Wenn gegessen wird, werden die verschiedenen Töpfe mit Essen auf den Boden gestellt. Alle die nun speisen wollen, setzen sich im Kreis um das Essen herum. Daher muss der Boden immer sauber sein. Die Häuser haben innen nur ein großes Zimmer. Alles ist aus Holz gezimmert. Nur die Dächer sind leider oft mit häßlichem Wellblech gedeckt. Tagsüber wenn die Hitze zu groß wird, sitzt man im Schatten unter dem Haus. Das Haus steht ja, wie schon erwähnt auf Stelzen. Oder man legt sich auf eine der Hängematten, die zwischen den Stützpfählen des Hauses aufgehängt sind.

Um die Lebensmittel vor den Ameisen zu schützen, wenden die Leute hier folgenden Trick an. Alle Lebensmittel kommen in einen Schrank. Die Füße des Schrankes stehen aber nicht direkt auf dem Holzboden, sondern in einer speziellen kleinen Schüssel. Diese ist mit Wasser gefüllt. In der Mitte der Schüssel ist eine Erhöhung worauf der Holzfuß des Schrankes steht und somit trocken bleibt. Nun können die überall allgegenwärtigen Ameisen nicht an die Lebensmittelvorräte dran kommen. Für mich war es immer wieder erstaunlich wie schnell die Ameisen etwas zu fressen gefunden haben. Wenn ich zum Beispiel Wespen erschlagen habe, oder mir etwas zum essen heruntergefallen ist, waren oft schon in ein paar Minuten viele winzig kleine und atemberaubend schnell rennende Ameisen da, die alles Essbare abtransportiert haben.
Häufige Tiere innerhalb der Häuser waren Geckos und natürlich Moskitos. Von den beliebten Geckos (die fressen nämlich die lästigen Moskitos) ist eine zirka 5 bis 8 Zentimeter lange ziemlich blasse Art die Allerhäufigste. Diese Spezies gibt es wohl

in ganz Asien. Abends sitzen oft mehrere Geckos in der Nähe von Lichtquellen, um die Moskitos und andere Insekten zu fressen, die vom Licht angelockt werden. Die Geckos haben übrigens Saugfüße mit deren Hilfe sie sogar auf der Decke herum spazieren können.

Wenn man sich Abends zum schlafen hinlegt, werden dünne Matratzen ausgelegt. Dann legt sich die ganze Familie hin. Über jedem Schlafplatz wird ein Moskitonetz gespannt. Alle liegen friedlich nebeneinander. Mama, Papa, Oma, Opa, Kinder. Denn wie schon erwähnt, Innenzwischenwände in den Häusern gibt es nicht. In dem großen einzigen Raum des Hauses wird also gegessen, geschlafen und gewohnt. Zudem natürlich auch Kinder gezeugt und geboren. Wenn jemand stirbt, dann in der Regel wohl auch zu Hause.

In der Regenzeit wird das Wasser vom Hausdach in mannshohen dicken runden Tonfässern aufgefangen. Dieses Wasser wird ungekocht getrunken und zum kochen und spülen des Geschirrs benützt. Der Vorrat des Regenwassers muss so hoch sein, dass er während der drei bis sech-monatigen dauernden Trockenzeit nicht ausgeht. Ich habe das Wasser immer desinfiziert, bevor ich es getrunken habe.

Geduscht wurde außerhalb des Hauses. Dort gab es zwei Möglichkeiten. Erstens mal total im Freien. Mit Hilfe einer Handpumpe förderte man das Wasser aus einem Brunnen. Hier wäscht man sich aber nicht nackt, sondern indem man die Haut unter einem großem Tuch versteckt, das man eng um den Körper wickelt. Oder zweitens in einem kleinen Häuschen, wo man das Wasser mit einer Kelle aus einem großen Fass schöpft und über sich leert. Dabei kann man sich nackt ausziehen. Als Ausländer darf man sicher sein, dass man bei diesem Vorgang von mindestens zwei Dutzend neugierigen Kinderaugen genauestens beobachtet wird. Diese spickeln durch die vorhandenen Löcher in der Wand der Duschkabine. Daran muss man sich gewöhnen.

Nach einiger Zeit in dem Dorf Bokeset ging es weiter zu einem Ausflug nach Lopburi. Dort gibt es einige alte Tempel. Diese sind häufig von Affen bevölkert. Der populärste Tempel der Stadt heißt Prang Sam Yot. Hier trifft man viele Thais und es gibt ganze Affenherden. Diese sind halb zahm, da sie oft gefüttert werden. Allerdings sind diese Affen auch frech. Folgendes passierte. Ein Affe klaute meiner Reiseführerin aus der Hand ein wichtiges Utensil, nämlich mein Reiseführerhandbuch. Damit haute das Tier ab. Anschließend blätterte er in dem Buch ein bisschen herum und biss hinein. Es gelang mir dem Räuber das Buch wieder abzuluchsen. Kurz darauf schlug ein anderer Affe zu. Er klaute meiner Begleiterin den Ohrring und begab sich damit auf einen Baum. Dort begann er auf dem Ring herumzukauen. Ein freundlicher thailändischer Mann nahm dem Affen die Beute wieder ab.

Abends ging es zurück in das Dorf Bokeset. Hier wurde eine vom Staat organisierte kostenlose Kinoveranstaltung geboten. Das ganze Drumherum war interessanter als der Film selbst. Der Eintritt war wie gesagt frei, somit musste man auf manche Annehmlichkeit verzichten. Auf einem museumsreifen Lastwagen stand ein Filmprojektor. Alle Kinobesucher saßen auf einer großen Wiese im Schneidersitz auf

dem Boden. Eine große Leinwand wurde aufgespannt und ein Stromgenerator sorgte für die Energie. Alle Altersschichten waren zugegen, denn so ein Film ist eine
sicherlich angenehme Abwechslung vom Alltagstrott. Gezeigt wurde übrigens ein
romantischer Liebesfilm.

Ein anderer Tagesausflug führte in die altehrwürdige Stadt Ayuthaia.
Das war die alte Hauptstadt vor Bangkok. Dort wurden mehr als ein halbes Dutzend
Tempel besichtigt, aber es gibt noch viel mehr dort. Der schönste Tempel hieß Wat
Mongkhon Bophit. Der größte hieß Wat Phra Si Sanphet. Buddhistische Tempelan-
lagen zu besichtigen, hat mir immer viel Spaß gemacht, denn sie sind ganz anders
wie Kirchen bei uns. Sie sind innen viel mehr mit Blumen geschmückt und reichhaltig
verziert mit farbenfrohen Abbildungen und Malereien. Die Buddhafiguren sind meist
von Tempel zu Tempel verschieden. Oft ist die Buddhastatue mehrere Meter hoch.
So einen Tempel darf man übrigens nur ohne Schuhe betreten. Oft trifft man in den
Anlagen kahlköpfige Mönche, die immer viel Zeit zu haben scheinen und sehr viel
Ruhe und Gelassenheit ausstrahlen.
Von Ayuthaia fuhr ich per Zug dann wieder nach Bangkok. Der Endbahnhof heißt
Hua Lamphong. Dort geht es immer betriebsam zu. Viele Züge fahren von hier los,
zum Teil auch in die Nachbarländer. Hunderte von Reisenden warten auf die Abfahrt
ihres Zuges oder auf die Ankunft von Freunden oder Verwandten. Einmal hörte ich
auch hier, wie über Lautsprecher die Nationalhymne Thailands gespielt wurde. Das
war interessant. Alle Leute, die gesessen sind, haben sich erhoben. Es wurde nicht
mehr geredet. Jeder der im Laufen war, ist stehengeblieben, um dem Lied die volle
Aufmerksamkeit zu schenken. Als die Musik aus war, ging wieder alles normal
weiter. Das ist in Thailand normal. Der König und die Königsfamilie werden hoch
verehrt. Der Geburtstag des Königs wird in ganz Thailand gefeiert. Kritik an dem
König wird verpönt. Und alle Thais finden es in Ordnung, dass für die Königsfamilie
die Straßen gesperrt werden, damit diese schneller mit dem Auto vorankommen. Es
ist auch unangebracht auf einen heruntergefallenen Geldschein mit dem Fuß drauf-
zustehen, denn da ist das Konterfei des Königs abgebildet. Das in Thailand der
König hoch verehrt wird, hat eine jahrhundertealte Tradition. Der zur Zeit amtierende
König Bhumibol ist der neunte König. Und er ist der bis jetzt am längsten regierende
König der thailändischen Geschichte.

Noch eine Besonderheit am Rande. An vielen öffentlichen Plätzen in Thailand
sind Tafeln angebracht. Dort sind Fotos angeheftet. Abgebildet sind Tote. Meistens
Opfer von Verkehrsunfällen oder von Morden. Die überwiegende Zahl der Toten sind
recht übel zugerichtet, die Bilder sind wohl zur Mahnung ausgestellt.
Eine andere besuchte Stadt hieß Phetburi. Diese ist 160 Kilometer südlich von
Bangkok. Es gibt mehrere buddhistische Tempel dort. Der schönste hieß Khao
Wang, der auf einer kleinen Anhöhe liegt. Von hier aus hatte man eine gute Aussicht
und es gab wie so oft wieder viele Affen. Touristen waren in Phetburi selten. Von
Phetburi war es nicht mehr weit bis zu dem Hafenort Cha-Am. Dieser ist ein beliebter
Urlaubsort für Thais. Denn es ist nicht so weit von Bangkok weg. Man kann
schwimmen gehen und Motorboot fahren oder Fahrräder mieten um die Gegend

abzufahren. Obwohl das mit den Fahrrädern in Thailand sehr selten angeboten wird. Gut erinnern kann ich mich noch an die „Tierwelt." Im Hotelzimmer waren an einem Abend mehrere Dutzende Kakerlaken. Bevor man sich da schlafen legen konnte, mussten alle zuerst mal erschlagen und aus dem Zimmer geschmissen werden. Eine zeitraubende Jagd, denn Kakerlaken sind schnell.

An bestimmten Strandabschnitten lebten sehr dicht beieinander gedrängt kleine sandfarbene Krabben. Jede Krabbe lebte in einer kurzen Sandhöhle. Dauernd waren die Tiere damit beschäftigt ihre Wohnhöhle noch tiefer zu graben. Das war ein geschäftiges Treiben. Beim Hinausfahren auf das Meer mit einem kleinen Zwei-Sitzer-Motorboot konnte man Quallen bewundern. Es gab fast durchsichtige und welche mit Leopardenmuster. Der Umfang der Quallen war wohl so im Schnitt 30 Zentimeter. Die größten waren 60 bis 80 Zentimeter im Umfang.
An manchen Stellen waren die Quallen so häufig, dass sich auf einem Quadratmeter Wasserfläche gleich mehrere Tiere aufhielten. Zum Glück ist da das Boot nicht gekentert. Am Vortag musste ich beim Schwimmen schon Glück gehabt haben, denn die Berührung einer Qualle kann recht unangenehm sein. Die Haut fängt an zu brennen.

Nach ein paar Tagen in Cha-Am führte der Weg wieder nach Bangkok. Dort wurde zur Abwechslung mal einer anderen Freizeitbeschäftigung nachgegangen. Es ging ab in eine Disko. Ich wollte aber in eine Disko gehen, wo nur Thais sind und keine Touristen. Meine Reiseführerin kannte natürlich eine. Dieser Tanzabend verlief außergewöhnlich. In der Diskothek waren so wohl 200 Gäste. Über 70 Prozent der Besucher waren weiblichen Geschlechts. Interessant waren die Frauen, die dort gearbeitet haben. Alle waren dem Anschein nach 15 bis 22 Jahre alt. Es gab verschiedene Kategorieren von Damen.
Da waren zuerst mal so 30 junge Damen, die waren alle hübsch und grün-weiß angezogen. Bei diesen Damen konnte man nur Essen und Trinken bestellen und sonst nichts.
Dann waren da noch mal so 30 junge Damen, die waren alle sehr hübsch und rot angezogen. Mit diesen Damen konnte man nur tanzen und sonst nichts. Diese Tanzpartnerinnen standen umsonst zur Verfügung. Das war wohl der Service der Diskothek. Und natürlich waren diese Damen ja auch Angestellte der Disko.
Viele thailändische Männer und zu meiner Verwunderung auch Frauen haben mit den Damen in rot, welche Miniröcke angehabt haben, getanzt. Um überhaupt auf die Tanzfläche gehen zu dürfen musste man Plastikblumenumhänger kaufen. Eine kostete 40 Pfennige. Pro Tanz wurden dann diese Umhänger auf der Tanzfläche wieder einkassiert.
Außerdem waren da noch mal so 20 Damen, die waren außerordentlich hübsch und hatten lange braune Kutten an. Die Kutten, die an die Kleidung von Mönchen im 18. Jahrhundert in Deutschland erinnerten, verdeckten natürlich vom Hals bis an den Fußknöchel alles. Diese Damen kamen erst um 1 Uhr auf die Tanzfläche und tanzten nacheinander zuerst in ihren Kutten alleine auf der Bühne. Dann wurde es aufregender. Aber wohl nur für mich. Die anderen Gäste waren an diese nächtlich sich

wiederholende Show wohl gewöhnt. Denn dann tanzten alle nacheinander nackt über die Bühne. Viele waren offensichtlich minderjährig. Nur diese Mädchen waren freiberuflich tätig. Eine Liebesnacht für 10 DM und mehr. Bald hatten die Damen jeweils einen Liebhaber für die Nacht gefunden und die normale Tanzveranstaltung ging weiter. Die Männer, die sich diese Nutten gekauft hatten, waren allesamt Thai. Denn ich war ja der einzige Ausländer an diesem Abend.

Anders als in Europa ging es auch auf dem stillen Örtchen zu. Allerdings kann ich nur die Erlebnisse auf der Herrentoilette schildern. Wie es auf der Frauentoilette zuging, weiß ich nicht. Also, irgendwann im Laufe des Abends ging ich auf die Toilette. Ich begann ahnungslos zu pinkeln. Ohne etwas zu sagen, stand dann ein junger thailändischer Mann hinter mir. Na ja, ich pinkelte eben weiter. Sogleich begann der (zum Personal der Diskothek) gehörende Mann meinen Rücken und meinen Hals zu massieren.

Zudem bewegte er ruckartig meinen Kopf nach links und nach rechts, so dass es im Halswirbel zu knacken begann. Anschließend bekam ich ein kühles nasses Tuch um den Hals gelegt. Als ich endlich fertig gepinkelt hatte, hörte er mit der Massage auf. Nach dem Besuch der Diskothek ging es noch weiter in eine sogenannte Karaoke Bar. Dort sangen hauptsächlich Frauen bekannte Lieder, die gerade in den Hitparaden liefen. Ein Mikrofon wurde von Tisch zu Tisch gereicht und jeder der singen wollte, durfte sich ein Lied wünschen. Dann wurde per Band das gewünschte Lied gespielt und der Gast konnte durch das Mikrofon dazu singen.

Ein Ausflug wurde auch auf die Insel Ko Samet unternommen. Der Strandabschnitt auf dem ich war, hieß Ao Phai. Aber es hat mir nicht so gut gefallen. Es gab zu viele Touristen und an manchen Stellen standen die Bungalows schon in der 6. Reihe hintereinander. Zudem waren die Unterkünfte nicht schön, hingegen teuer. Überall herrschte Baulärm, da noch mehr Bungalows gebaut wurden und es gab lästige Moskitos. Dafür war das Wasser sauber und der Strand auch. Also ging es bald zurück nach Bangkok.

Dort besuchte ich eine Thai Boxveranstaltung. Die Thais schließen Geldwetten auf den Sieger ab. Es geht unglaublich laut zu. Beim Thaiboxen gibt es ein paar Sonderregeln. Zum Beispiel wird nicht nur mit den Fäusten geboxt, sondern auch mit den Knien und den Füßen. Teilweise ist da schon mal Blut geflossen. Die ganze Atmosphäre hat mich an die philippinischen Hahnenkämpfe erinnert. Bei denen ging es auch sehr laut zu und es war überfüllt. Außerdem gab es kaum weibliche Zuschauer. Die teuersten Logensitzplätze kosteten 500 Baht, also umgerechnet 33 DM, dort saß ich mit vielen Japanern. Diese waren von den Kämpfen hellauf begeistert. Die Thailänder saßen nur auf den billigen Plätzen welche nur ein paar DM kosteten. In den letzten Wochen in Bangkok besichtigte ich noch mehr Tempel, den großen Lumpini Park sowie den Dusit Zoo. Dort war auffällig, das fast alle Thais die Wildtiere mit allerlei sicherlich für die Tiere ungesundem Süßigkeiten fütterten. Schön waren im Zoo die großen Parks und Seen. Hier tummelten sich zirka einen Meter lange dicke überfressene Welse. Die hatten teilweise so ein breites Maul, dass sie ein komplettes Brötchen auf einmal schlucken konnten.

Interessant sind die Viertel in Bangkok wo die Inder und Chinesen leben. Diese Gegend muss ein Paradies für Taschendiebe sein. Es geht oft so eng zu das man von allen Seiten von Menschen umgeben ist. Da kann man sich nur mit Tippelschritten vorwärts bewegen. Es gibt viele und zum Teil spottbillige Sachen zum kaufen. Und überall sind Läden, Verkaufsstände für Kleidung und Nahrungsmittel sowie kleine Straßenrestaurants. Zum Herumschlendern sollte man sich schon mal einen ganzen Tag Zeit nehmen. In dem Inderviertel habe ich einen Sikhtempel besichtigt. Innen musste man sich nicht nur die Schuhe ausziehen, sondern auch ein Kopftuch tragen. Dieser Tempel hat einen elektrischen Aufzug eingebaut. Der indische Führer war freundlich und hat mir erklärt, dass selten Ausländer den Tempel besuchen. Die anderen Touristen schauen eben nur die buddhistischen Tempel an.

Was kann man zusammenfassend über Thailand sagen?
Imponiert haben mir die buddhistischen Tempelanlagen. Am schönsten fand ich in Bangkok den Königspalast, den massiven goldenen Buddha (Wat Traimit) sowie den am Flussufer gebauten Tempel der Morgenröte (Wat Arun) Das Essen fand ich sehr gut. Es gab viel Auswahl, nur manchmal war es allerdings zu scharf. Die Menschen auf dem Land sind gastfreundlich und spendabel gegenüber Fremden. Zudem meine ich, das die Thais stolzer auf ihr Land sind, als die anderen asiatischen Völker. Man muss auch wissen, das Thailand noch nie von einem anderen Land komplett besetzt war. Und das, obwohl fast alle Nachbarländer von anderen Völkern ausgebeutet und unterworfen worden sind. Gewöhnungsbedürftig ist allerdings der Gestank, Schmutz und Lärm in der Millionenstadt Bangkok. Gut in Thailand ist, dass man von dort aus ideal die Nachbarländer bereisen kann. Denn es gibt in Bangkok Reisebüros, Fluggesellschaften, Buchhandlungen um Landkarten sowie Reiseführer zu kaufen und ausländische Botschaften, um Visas zu beantragen. So habe ich von Thailand aus Myanmar, Laos, Malaysia, Brunei und die Philippinen bereist. Zudem sind die Hotels und das Essen preiswert. Nicht gefallen an Thailand hat mir der Massentourismus. Kein Land Südostasiens hat jährlich soviel Touristen aus aller Welt zu verkraften wie Thailand. Tagsüber landen die Jumbos aus aller Herren Länder im Minutentakt im Flughafen von Bangkok. Von 1000 Touristen, die Thailand besuchen bricht nur eine verschwindend kleine Anzahl weiter auf, um eines der Nachbarländer zu bereisen. Warum? In Thailand ist alles sehr einfach. Es gibt Hotels, Banken, Touristenpolizei, Geldabhebautomaten, Bordelle, Läden, Taxis, Telefonzellen und eine funktionierende Infrastruktur. Alles was eben Pauschaltouristen so brauchen. Wenn sich jemand alleine abseits der Touristenorte in Thailand nicht zurechtfindet, braucht er so Länder wie Laos oder Myanmar gleich gar nicht zu besuchen. In manchen Orten soll man schon mehr Touristen auf einen Quadratkilometer zählen können als auf Mallorca. Mich haben solche Orte immer abgeschreckt. Orte wie Pattaya, welches der weltweit größte Freilandpuff der Welt ist, habe ich erst Jahre später nach meiner einjährigen Reise besucht. Gefallen hat es mir nicht. Dort gibt es deutsches Bier, deutsches Essen, deutsche Touristen, thailändische Nutten. Was soll ich dort? Egal, jeder soll seinen Urlaub so machen, wie er will!

# Schlussbemerkung

Beim Herumreisen mit einem Rucksack, den man zudem dauernd selbst tragen muss, macht man sich natürlich Gedanken was man alles mitnimmt. Ich bin anfangs mit 6 Kilo Gepäck gestartet, nach relativ kurzer Zeit waren es 16 Kilo. Dieses empfand ich als zuviel. Es wurde begonnen unnötigen Ballast auszusondern. So konnte das Gewicht auf 12 Kilo reduziert und auch gehalten werden. Und was war alles dabei?

Ein stabiler, gut zu tragender Rucksack. Zusätzlich einen kleinen zweiten, dieser wurde für Tagesausflüge benützt. In den Rucksäcken hatte jedes Teil seinen gleichen vorbestimmten Platz, sortiert in verschiedenfarbigen Beuteln.
Folgende Ausrüstung war vorhanden:
Ein dünner Schlafsack, Moskitonetz, Regenjacke, Regenschutzhülle für den Rucksack, Regenschirm, Sonnenhut, Wecker, Taschenmesser, Ersatzbrille, Nassrasierer mit Ersatzklingen und Rasierseife. Zudem hatte ich jeweils dabei:
Ein Reiseführerhandbuch, Landkarten, Taschenlampe, Fotoausrüstung mit Reinigungszubehör und Filme.
Als Bekleidung reichte folgendes aus:
T-Shirts und Unterwäsche sowie 2 langärmelige leichte Hemden und 2 lange dünne Baumwollhosen. Zudem Socken. Auch einen Sarong, das ist ein großes Tuch, das man um den Körper wickeln kann. Das ist gut nach dem Duschen zu gebrauchen. Für die Schmutzwäsche war ein Baumwollbeutel praktisch. Als Schuhe hatte ich immer drei Paar dabei. Stabile Lederhalbschuhe und bequeme Sandalen sowie ein Paar Duschschlappen. Zahnbürste, Zahnseide, Seife und Waschmittel, Nagelschere und Feile, diverse Medikamente, Nähzeug mit Schere, Nadel und Zwirn, Briefkuverts mit Briefmarken, Tagebuch, Schreibpapier und ein Kuli gehörten auch dazu. Außerdem eine lange Schnur zum Wäsche aufhängen. Moskito coils (das sind Brennstäbe zum anzünden, um Moskitos zum verscheuchen) waren auch angebracht. Sowie eine kleine Flasche mit einem Mittel gegen lästige Insekten.
In einem wasserdichten speziellen kleinen Plastikbeutel befanden sich der Reisepass, Flugtickets, Reiseschecks, Geldscheine und die Kreditkarte. Zudem nahm ich ein kleines Fotoalbum mit Bildern von zu Hause ebenso mit wie eine Miniweltkarte, um den Einheimischen besser erklären zu können, aus welchem Land ich stamme. Zuunterst in meinem Rucksack befand sich der internationale Führerschein und der Jugendherbergsausweis, Impfpass, DM und Dollarscheine als Reserve sowie Kopien vom Pass.

Außerdem hatte ich beim Wandern auch eine Kleinigkeit zum Essen dabei und eine Flasche Wasser. Ein sehr guter Ausrüstungsgegenstand ist übrigens eine Taschenlampe, die mit einem Band am Kopf befestigt wird. So ähnlich wie sie Arbeiter im Bergbau haben. Da hat man beide Hände frei. Das ist gut beim Rucksackpacken oder wenn man auf die Toilette gehen will und es kein Licht gibt.
Um sicher zu reisen habe ich folgende Vorsichtsmaßnahmen getroffen.
Zum Beispiel, dass die wichtigen Papiere immer unter der Kleidung versteckt, in einem kleinen flachen Brustbeutel getragen wurden. Diesen trug ich mit einer Schnur

um den Hals und wurde immer mitgenommen, auch zum Duschen. Im Hotelzimmer wurden die Papiere nicht liegengelassen, denn dort ist es in der Regel sehr einfach einzubrechen. Die Kamera wurde nach Gebrauch bald wieder im Rucksack verstaut, damit sie niemand sehen kann.

In Hotels, Restaurants oder auf dem Markt bezahlte ich fast immer mit kleinen Geldscheinen oder Geldstücken. Denn niemand sollte sehen, wieviel Geld ich dabei habe. Bei langen Zug- oder Bootsfahrten wurde mit dem Gepäck Körperkontakt gehalten. Im Hotelzimmer band ich den Rucksack mit einer kleinen Eisenkette und einem eigenen Schloss sicherheitshalber an einem Tisch oder am Bett fest.

Beim Herumreisen mit dem Rucksack und speziell beim Abgeben des Gepäcks am Flughafen oder im Stauraum eines Bootes wurden alle zu öffnenden Fächer mit kleinen Schlössern zugesperrt. Auch die Hotelzimmertür wurde fast immer mit meinem eigenen Vorhängeschloß zugesperrt. Die Schlüssel für die Schlösser waren mit einer Kette an meiner Umhängetasche befestigt.

Öfters wurde ich gefragt: „Bist du alleine unterwegs?" Meine Antwort lautete: „Nein, ich reise mit ein paar Freunden und sie müssten bald kommen!"

Außerdem log ich meistens, wenn mich Fremde danach fragten, wo ich denn schlafen würde. Es wäre nämlich für einen Dieb einfach, mir abends in einer dunklen Seitenstraße auf dem Rückweg in das Hotel aufzulauern. Und manchmal erwähnte man beiläufig im Gespräch mit Fremden, die mir nicht ganz geheuer vorkamen, dass ich eine Waffe dabei hätte. Diese Waffe würde aber selten benützt, denn ich beherrsche zudem auch eine Kampfsportart.

Um gesund zu sein und zu bleiben, wurden folgende Dinge beachtet. Vor der Abreise ließ ich mich vom Hausarzt gründlich untersuchen.

Dann gab es Impfungen gegen Wundstarrkrampf, Japanische Hirnhautentzündung, Typhus, Cholera. In der Reiseapotheke waren Antibiotika, Tabletten, um verschmutztes Wasser trinkbar zu machen, Pflaster, Jod, Wundverbandstoff. Außerdem Medizin gegen Durchfall. Sowie einige sterile Spritzen und Nadeln, denn in abgelegenen Gegenden gibt es in Krankenhäusern nur gebrauchte Nadeln.

Um keine Malaria zu bekommen, wurden oft langärmelige Hemden und lange Hosen getragen. Dann kann man nicht so einfach von den Insekten gestochen werden. Zudem hatte ich ein sogenanntes Notfall Malaria Medikament dabei. Dieses wird bei den ersten Anzeichen von Malaria (Fieber) in einer Überdosis eingenommen.

Anfangs der Reise versuchte ich beim Essen, nur in sauber aussehenden Lokalen zu speisen. Außerdem aß ich die ersten Wochen oft nur Dinge, die ich gekannt habe. Als da wären Reis, gebratene Hähnchen, Nudelsuppen. Bei Früchten legte ich den Schwerpunkt auf alles, wo man nur das Innere essen konnte, wie zum Beispiel Bananen, Orangen, Melonen, Kokosnuss. Weil das sicher nicht verschmutzt sein kann. Ein Apfel, der mit schmutzigen Wasser gewaschen ist, wurde dabei vielleicht schon zu stark verunreinigt.

Je länger ich unterwegs war, desto mehr begann ich das Gleiche zu essen wie die Einheimischen auch. Dabei wurden dann auch die vielen verschiedenen Früchte, Obstsorten und Fleisch sowie Fische der Region gegessen. Grundsätzlich beachtete ich immer Folgendes. Fleisch und Fischgerichte mussten immer ganz durchgebraten sein. Abgestandenes offenes Wasser wurde nie getrunken. Im Zweifelsfall habe ich das Wasser mit speziellen Tabletten trinkbar gemacht. Durch die große Hitze, die in den tropischen Ländern herrscht, ist es ganz wichtig, viel Flüssigkeit zu sich zu nehmen, am besten Tee oder Wasser. Einfach ist beim Essen eigentlich folgender Grundsatz. Cook it, peal it, boil it or forget it!

Während des Duschens schützte ich mich mit Badeschuhen gegen Fußpilze oder Ähnliches. Beim Aufsuchen einer Toilette nahm ich meine eigene Seife mit in das WC hinein. Nach verschließen der Türe wusch ich zuerst die Hände bevor ich mein Geschäft begann. Der Popo wurde anschließend nur mit Wasser gereinigt. Denn Toilettenpapier? Fehlanzeige! Zum Glück waren europäische Sitztoiletten sehr selten. Fast immer befand sich nur ein Loch im Boden, so dass man für das große Geschäft in die Hocke gehen musste. Das ist viel hygienischer, da man sich auf keine eventuell verschmutzten Toiletten darauf sitzen muss.

Nun noch ein paar statistische Angaben. Geschrieben in meine Heimat habe ich oft. Insgesamt 244 Brief und Postkarten. Geflogen wurde insgesamt achtzehnmal. Wobei ich versucht habe, so wenig wie möglich zu fliegen. Denn es ist viel zeitaufwendiger, schöner und interessanter, sich innerhalb eines Landes mit öffentlichen Verkehrsmitteln fortzubewegen.

Im Schnitt bin ich an einem Ort immer drei Tage lang geblieben, dann zog ich weiter. Wobei in Ländern die teuer zu bereisen waren, wie zum Beispiel Japan, die Übernachtungsstellen häufiger gewechselt wurden, da ich schnell immer weitergezogen bin um in kurzer Zeit so viel wie möglich zu sehen. 60 Kilogramm Souvenirs wurden nach Hause geschickt. Das waren dann am Strand selbst gefundene Muscheln in den verschiedensten Farben und Formen, gewebte Stoffe, Holzschnitzereien, aus Silberdraht hergestellte Bilder, bemalte Masken aus Holz, ein Blasrohr samt Köcher, Lampen, geschnitzte Holzspiegelrahmen, Lackmalereien.

Die schönste und beste Unterkunft fand ich eines Tages zufällig in einer Seitenstraße in der Stadt Ubud auf der Insel Bali in Indonesien. Der „Hotelneubau" hatte nur zwei Zimmer. Diese waren sehr groß. Alle Möbel waren aus schönem Bambusholz. Es war so penibel sauber, dass man auf dem gekachelten Boden hätte bedenkenlos essen können. Im Garten befanden sich Dutzende von verschiedenen wunderschönen Blumen. Der Service war sehr gut, die Leute waren überaus freundlich. Jeden Tag wurde das Zimmer geputzt und der Gast bekam Seife und Handtücher. Dies ist normalerweise in den sogenannten Gästehäusern unüblich. Der Preis für eine Nacht mit Frühstück betrug 8.000 Rupiahs, das sind 7 DM gewesen.

Das billigste Hotel war auf der Insel Borneo in dem Gebiet Sarawak bei den Niahhöhlen. Eine Übernachtung ohne Frühstück kostete 3 Malayische Ringgit, umgerechnet weniger als 2 DM.

Die teuerste Unterkunft befand sich natürlich im Lande Japan. Das internationale Jugendhaus in Tokio verlangte für eine Nacht mit Frühstück 2.500 Yen, das sind 40 DM gewesen. Für Japan war das aber sogar noch außergewöhnlich billig, ein normales Hotel hätte das vierfache aufwärts gekostet.

Der längste Aufenthalt an einem Ort war vom 10. Juli bis 2. August 1993 in Indonesien auf der Insel Java am Küstenort Pangandaran. Warum? Na ja, toller Dschungel, viele Tiere, farbenprächtige Schmetterlinge, sauberes Hotel, gutes Essen, ein Nationalpark gleich um die Ecke und ? genau, das natürlich auch!

Die Rekordbootsfahrt dauerte 50 Stunden und ging über 400 Kilometer. Es war eine Reise mit einem großen Holzschiff auf den Philippinen. Die Fahrt ging von dem Hafenort Puerto Princesca von der Insel Palawan zuerst zur Insel Cuyo. Nach einem Stop dort anschließend weiter zur Insel Panay in die Stadt Ilo-Ilo. Der Reisepreis inklusive Verpflegung betrug 330 Peso, das sind umgerechnet 20 DM gewesen.

Die längste Zugfahrt brachte mich von Thailands Hauptstadt Bangkok in 21 Stunden nach Malaysia in die Stadt Butterworth. Natürlich habe ich mir einen Schlafwagen gegönnt. Kostenpunkt 666 Baht also 45 DM. Die Entfernung betrug etwa 1000 Kilometer.

Und was kostet so eine Reise, die 355 Tage dauert? Nach meiner exakten Buchführung insgesamt 34.826 DM. Das ergibt pro Tag 98 DM. Die Kosten gliedern sich wie folgt auf:

|  | D M |
|---|---|
| Ausrüstung: Rucksack, Schlafsack, Outdoorklamotten e. t. c. | 1.500 |
| Arztbesuche und Impfungen | 1.000 |
| Flugtickets für 10 Flüge gekauft im Paket | 2.549 |
| 8 weitere gekaufte Einzelflugtickets | 1.760 |
| Renten und Krankenversicherung | 4.708 |
| Souvenirs jeglicher Art | 5.282 |
| Restkosten wie Hotels, Essen, Trinken, Visa, Bus, Zug, Taxi, | 18.027 |
| ergibt | 34.826 |

Zugegeben man könnte so eine Reise auch deutlich billiger machen, ich denke da so an 15.000 bis 20.000 DM wären machbar als niedrigster Maßstab.

Da die Inflation in den asiatischen Ländern höher ist als zum Beispiel in Europa, dürfte so eine Reise mittlerweile mit den von mir angegebenen Preisen nicht mehr möglich sein. Das heißt statt 34.826 DM dürfte aktuell alles wohl eher 50.000 DM kosten. Aber man könnte sicherlich auch 80.000 bis 100.000 DM für ein Jahr ausgeben. Ich auf alle Fälle bereue keinen einzigen Pfennig. Die Reise hat Spaß gemacht.

Nun, was ist dann alles noch passiert, nachdem ich aus Asien zurückgekommen bin? Ziemlich viel! Zum Beispiel.

Eine asiatische Frau, die ich während meiner Reise kennengelernt habe, ist mittlerweile mit mir verheiratet. Das ist schon auch einige Jahre her. Sie kann deutsch und ist auch berufstätig. Na ja, das hätte ich mir vor meiner Reise auch nicht vorgestellt. Jetzt heißt mein Urlaubsziel öfters Thailand, denn dort kommt meine Frau her.

Eine Familie aus den Filippinen, von der Insel Tablas in dem Fischerdörchen San Augustin, die sich mit mir angefreundet haben, hatten ein ernstes Problem.

Eines Tages kam Post von denen. Sie schrieben mir, dass der Vater der Familie stark erkrankt ist und kein Geld da ist, um Medizin zu kaufen. Die Mutter der Familie hatte einen kleinen Tante Emma Laden. Da das vorhandene Geld vom Verkauf der Waren für die Medikamente aufgebraucht wurde, konnte nichts mehr nachgekauft werden um wieder Einnahmen aus dem Laden zu erzielen. Man bat also mich per Post flehentlich um ein Darlehen. O.K. Das Darlehen habe ich abgelehnt, da die Rückzahlung sicher sehr schwierig für die große Familie gewesen wäre. Also wurde von meiner Familie und mir in Deutschland ein größerer Geldbetrag der in Not geratenen Familie auf den Filippinen geschenkt. Die waren hoch erfreut. Von dem Geld konnte Medizin gekauft werden. Nach längerer Zeit ist der Vater der Familie wieder gesundet. Heute kann er sogar wieder arbeiten und die Familie ernähren. Zudem konnte das Warenlager des Tante Emma Ladens aufgefüllt werden. Somit kam Geld in die Familienkasse. Später kamen noch viele Dankesbriefe von der ganzen Familie.

Zudem hatte ich mich nach meiner Rückkehr aus Asien entschlossen, etwas für den Regenwald, beziehungsweise ihre Tiere zu tun. Denn der Dschungel hat mich doch immer wieder fasziniert. Vor allem Borneo. Im tropischen Regenwald werden nach wie vor neue Tier- und Pflanzenarten entdeckt. Manche werden ausgerottet, bevor sie überhaupt erforscht werden konnten. Die Länder in den Tropen verfügen oft nicht über die Gelder, um diese Forschungen zu bezahlen. Die reicheren Länder Europas sind auch nicht gerade erpicht, solche Dinge zu finanzieren. Also ist es mittlerweile möglich, dass Firmen oder auch Privatleute hier finanziell sich engagieren. Das habe ich nun gemacht. Ich habe einen stattlichen Betrag gespendet. Mit meiner Geldspende wird nun eine völlig neu entdeckte Tierart aus dem tropischen Regenwald erforscht und erstmals weltweit wissenschaftlich beschrieben.

Außerdem habe ich nach wie vor Briefkontakte mit Einheimischen, die ich damals in Asien kennengelernt habe. Es ist interessant und kurzweilig. Manche schreiben mir sogar schon mal per email einen Brief. Natürlich auf Englisch. Solche Freundschaften pflege ich noch mit Bekannten aus Japan, Filippinen, Brunei, Indonesien und Malaysia.
Auch andere Rucksacktouristen aus Europa, mit denen ich mich in Asien angefreundet habe, zählen heute noch zu meinem Freundeskreis. Dazu gehören zum Beispiel die Mitreisenden mit denen ich Indonesien, Myanmar oder die Filippinen bereist habe.

Oft werde ich gefragt wie sich meine Reise auf meine berufliche Karriere ausgewirkt hatte. Um ehrlich zu sein. Sehr gut. Ich verdiene deutlich mehr wie vor meinem Auslandsaufenthalt, da ich beruflich aufgestiegen bin. Sicherlich gibt es Personalchefs, denen die Haare zu Berge stehen, wenn sie in meinem Lebenslauf den einjährigen Auslandsurlaub entdecken. Aber bei den Vorstellungsgesprächen höre ich oft das gleiche. Und das ist fast immer positiv. Nämlich, „Herr Paech, das ist ja interessant, was sie da alles erlebt haben. Wo sind sie denn überall genau gewesen? Das hätte ich früher auch mal machen sollen, aber ich habe dazu nie Zeit gehabt!"

Ich meine, wenn man mit beiden Beinen im Leben steht und den festen Willen hat, nach so einem langen Auslandsaufenthalt wieder zurückzukommen, dann schafft man das auch ohne Probleme. Und findet ohne Schwierigkeiten einen Job.

Nach meiner Rückkehr wurde ich zweimal von einem Radiosender eingeladen, um von meinen Reiseerlebnissen zu berichten. Es war jeweils eine Livesendung, die je eine Stunde dauerte. So aufgeregt wie dort in der Rundfunkanstalt, war ich wahrscheinlich noch nicht oft in meinem Leben. Auf ein Honorar habe ich verzichtet.

Mein Schlusssatz zu diesem Buch. Mache dir keine Sorgen was alles auf einer Reise passieren kann. Gehe einfach los!
Denn! Der Weg ist das Ziel!

Martin Paech